소똥 옆에 홍시

소똥 옆에 홍시

백현숙 수필집

수필과비평사

작가의 말

가끔,

내가 어떤 인연으로 수필의 길에 들어섰을까 생각해 본다. 학교 다닐 때 백일장에서 작은 상 하나 받은 적 없다. 책 읽는 것은 좋아했다. 그렇다고 마음의 양식을 쌓고 삶의 지혜를 얻을 만큼 책을 가까이한 것도 아니다. 오래된 사진첩을 펴놓듯, 문외한인 내가 낯두껍게 자칭 글쟁이가 된 이력을 더듬어 본다.

고모

초등학교 3학년 때, 까불다가 다리를 다쳤다. 한 달 하고도 일주일 동안 학교에 가지 못했다. 무료하게 지내던 어느 날, 고모가 집 앞에 있는 노다지 만화방에서 만화책을 빌려주었다. 책이라고는 교과서, 전과, 수련장밖에 모르던 내게 만화책은 신세계였다. 그때부터 만화에 빠졌다. 초등학교 졸업할 때까지 풀 방구리에 쥐 드나들 듯 만화방에 들락거렸다.

우리 집 작은 방에 큰 책장이 있었는데 낡고 누런 책들이 꽂혀 있었다. 제목이 한자로 되어있었다. 중학교 때 한자를 읽을 줄 알게 되면서 책장에 눈이 갔다. 주로 법法과 관련된 책이었다. 아버지가 공부하시던 책이었다. 우연히 그 책들 사이에서 한글로 된

책을 발견했다. 〈톰 소여의 모험〉, 〈80일간의 세계 일주〉, 〈이반 데니소비치의 하루〉. 하도 재미있어서 손에서 책을 놓지 못했다. 아마 막내 고모가 시집갈 때 두고 간 책이었던 것 같다.

   고모 덕분에 책에 눈을 떴다.

윤리 선생님

   고등학교 1학년 때, 윤리 선생님이 고전 소설을 읽고 독후감 쓰기 숙제를 내주셨다. 서점에 가서 맨 처음 산 책이 〈테스〉였다. 감동 그 자체였다. 책을 읽고 느낀 감정을 줄-줄-줄-줄 적었다. 가슴으로 썼다. 선생님이 잘된 글을 읽어주셨다. 내 글이 뽑혔다. 독후감의 형식을 갖추지 않았지만, 느낀 점을 잘 적었다고 칭찬해 주셨다. 그 후 〈제인 에어〉, 〈여자의 일생〉, 〈폭풍의 언덕〉을 읽었다.

   윤리 선생님 덕분에 책 읽는 재미를 알게 되었다.

김남조 시인

   교대에 들어갔다. 1학년 여름방학 때 도서관에서 책을 몇 권 빌렸다. 그 몇 권의 책 중에 김남조 님의 산문집이 있었다. 제목은 생각나지 않는다. 주옥같은 문장 하나하나가 가슴을 파고들었다. 몇 번이나 다시 읽었다. 글이 노래만큼 아름답다는 것을 알았다.
 김남조 시인 덕분에 나도 글을 쓰고 싶다는 마음이 들었다.

 두 남자
 퇴직쯤, 우연한 기회로 수필을 접하게 되었다. 수필 교실에 다녔다. 아들의 격려가 힘이 되었다. 하고 싶은 것 맘껏 하라고 했다. 처음에는 앉은뱅이 탁자에 노트북을 놓고 글을 썼다. 편하게 앉아서 하라고 아들이 등받이 의자를 보내주더니, 아예 책상을 들여 주었다. 빼도 박도 못하고 글을 써야 했다. 생각보다 쉽지 않았다. 중간에 몇 번이나 포기하고 싶었는데 남편이 등을 밀었다. 같이 생각을 나누고 글을 읽어주고 잘 썼다고 칭찬해 주었다. 정말로 내가 잘 쓰는 줄 착각하고 그 자신감으로 여기까지 오게 되었다. 남편 변석주 씨, 그리고 세상에서 하나뿐인 소중한 내 아들 현수. 두 남자에게 고마운 마음을 전한다.

 글을 쓰면서 세상과 화해했다.
 사는 게 마음 같지 않아 힘들었다. 세상을 원망했다. 가까운 사람을 미워하기도 했다. 나만 외롭고 나만 서럽고, 저들끼리 어울리고 저들끼리 웃는다고 생각했다. 글을 쓰면서 나를 돌아보고 나를 토닥였다. 못된 소가지가 수그러들고 겸손해졌다. 미운 감정도 걷어냈다. 마음이 단단해지고, 되지도 않은 오기도 생겼다. 자신감도 건졌다. 더 이상 외롭지 않고 아프지 않다. 그 누구도 부럽지 않고 아무것도 바라는 게 없다. 그래서 나는 다시 태어났다.

   글 쓰는 게 업인 양, 밤낮없이 글을 썼다. 글을 쓰는 것은 글을 좋아해서 읽는 것과 천지 차이라는 것도 알았다. 그래도 글 쓰는 게 좋았다. 천방지축 날뛰는 글을 잡으려고 수 없이 다독였다. 다 되었다고 손 털었는데 다시 읽어보면 그래도 허접하다. 망설이다 시간을 보냈다. 되돌아가려고 마음을 접기도 쉽지 않았다. 더 이상 묵은 글로 둘 수 없어 용기를 냈다. 맛있는 음식을 먹으면 행복하듯이, 누군가가 내 글을 맛있게 읽고 공감하고 행복했으면. 그랬으면 좋겠다.

2024년 매듭달
백현숙

|차례|

■작가의 말

1부 소똥 옆에 홍시

고놈 14

엄마는 공부 중 18

소똥 옆에 홍시 21

용도 변경 24

편지 28

꽃분이네 밭 32

어느 따뜻한 봄날에 36

여자와 남자 40

못생긴 손 44

담배 피우는 남자 47

2부 아름다운 감옥

대신동 266번지 **52**

돌아서다 **56**

빨간 잠바 **61**

돌할매의 미소 **65**

비 오는 날 **69**

신문을 펼치다 **73**

털다 **77**

아름다운 감옥 **81**

여선생과 동네 총각 **85**

공주 아줌마 **89**

3부 집에 가자

재옥 씨의 꽃 94

비어 있는 방 98

집에 가자 102

하늘 하나 건졌지 107

면회 111

돈, 돈, 돈 115

오 남매 119

그 남자의 머리를 감겨 주고 싶다 123

올케 127

대문을 열다 131

4부 시를 훔치다

십 원짜리 **138**

생리 안 하는 여자 **142**

귀뚜라미, 흙이 되다 **146**

텔레비전 보는 석주 씨 **151**

오월이 텅 비었다 **155**

시를 훔치다 **159**

아무 할 일 없는 상황에 나를 놓고 싶다 **163**

겨울에 그리는 목련꽃 **167**

아프지 않은 손가락 **171**

현숙의 홀로서기 **176**

5부 누울 자리

아웃스탠딩 현수점 **180**

그 마당 냄새가 난다 **184**

누울 자리 **188**

방금 텃밭에서 따온 토마토를 맡기고 **193**

아들이 배달 앱이다 **197**

늙은 여자의 벗은 몸 **202**

그날 밤, 남자가 물었다 **206**

재옥 씨의 희로애락 **210**

겨울 햇살 **216**

송공패 **220**

1부

소똥 옆에 홍시

철퍼덕. 하필 그때 소가 똥을 누는데 한 바가지는 되겠다. 기척을 느꼈는지 소 한 마리가 내 쪽으로 몸을 돌리더니 얼굴을 쑥 내밀었다. 엄마야. 놀라 뒷걸음질 치는 순간, 뒤에서 또 철퍼덕 소리가 났다. 감나무에서 감이 떨어졌다. 소똥 옆에.

- 소똥 옆에 홍시

고놈

어, 돈이다.

한두 개가 아니다. 백 원짜리 동전이 책상 밑에 여기저기 흩어져 있다. 주우려던 순간, 멈칫했다. 그리고 아무 일도 없었던 것처럼 고개를 들고 크게 말했다.

"선생님, 여기 동전 있어요."

"아, 그거. 애들 놀잇감으로 일부러 던져 놓은 겁니다."

이런. 또 그 녀석이다. 선생님은 그림보다 고놈이 먼저다. 여기가 화실인지, 고놈의 놀이터인지 구분이 안 된다. 입구부터 시작해서 바닥 구석구석, 화분 위에까지 고놈의 장난감으로 채워져 있다. 얼마 전에는 천장 가까이에 알록달록 무지개 색깔로 구름다리까지 만들었다.

녀석은 거만하다. 세상에 그렇게나 도도한 놈은 처음 본다. 길에서 떠도는 신세에서 이렇게 등 따습고 배부른 팔자로 바뀌어서 그런가. 눈에 뵈는 게 없는 것 같다. 아까 들어올 때만 해도 그렇다. 화실 문 안으로 들어서는데 고놈이 바로 앞에서 두 눈을 동그랗게 뜨고 나를 쳐다봤다. 반가운 마음에 눈을 커다랗게 떴다가 다시 질끈 감았다. 전에 누가 그랬다. 내가 눈을 끔뻑거렸을 때 고놈도 같이 끔뻑하면 내게 아는 체를 한다는 뜻이라고. 긴가민가하면서 두 눈을 몇 번이나 떴다 감았다 했는데, 고놈은 요지부동 빤히 쳐다보기만 한다. 머쓱해지려는 찰나, 몸을 휙 돌려 이젤 사이로 쏙 들어가 버렸다.

그림을 그려야 하는데 집중이 안 된다. 옆으로 지나가는 그림자만 비쳐도 소름이 돋는다. 녀석은 발걸음 소리도 없이 내게로 온다. 내가 화들짝 놀라 '엄마야' 소리를 질러도 선생님은 이놈을 혼내지 않는다. 쫓아내기는커녕 우쭈쭈하며 안아서 데려간다. 분명 저놈은 나보다 상전이다. 선생님은 그림을 봐주다가도 '이야옹' 소리만 나면 하던 말을 뒤로 하고 고놈을 챙기러 가버린다.

선생님이 화장실로 들어가면 고놈은 문 앞에 쪼그리고 앉아 하염없이 기다린다. 한 번씩 고개를 돌려 나를 쳐다보기도 한다. 선생님이 안 볼 때 한번 쥐어박고 싶다. 마음뿐이다. 나는 고놈 옆에도 못 간다. 선생님이 나오면 '이야옹' 소리를 내며 다가간다. 내 마음을 읽고 주인한테 일러 주는 것처럼. 선생님은 고놈을 번쩍 들고 품에 안아 쓰다듬는다. 마치 고놈이 일러 주는 것을 알아듣고 달래주듯이.

    화실 출입문은 항상 주먹 하나만큼 빼꼼히 열려 있다. 자주 4층 옥상으로 나들이 가는 녀석을 위한 선생님의 배려이다. 한데 아까 고놈이 나간 줄 모르고 누군가 문을 닫아 버렸나 보다. 그림을 그리다가 무심히 문 쪽으로 고개를 돌렸고, 그리고 유리문 너머 나를 쳐다보는 고놈의 아득한 눈과 마주쳤다. 꼬시다 싶은 마음은 순간이고 벌떡 일어나 얼른 문을 열었다. 당연한 듯 표정 없이 휙 나를 스쳐 지나간다. 고놈의 뒷모습을 끝까지 꼬나보다가 그만 멀찍이서 빙그레 웃고 있는 선생님과 눈이 마주쳤다.

    며칠 전 길에서 봤던 고양이가 생각났다. 검정색 털을 가진 아기 고양이였다. 지나가는 자동차에 치였는지 뒷다리가 피범벅이었다. 가까스로 일어나 한 발짝 걷고는 그대로 꼬꾸라졌다. 온몸은 땀에 젖었고 침을 흘리고 있었다. 사투를 벌이고 있는 고양이 몇 발짝 옆에 어떤 아저씨가 있었다. 그는 담배를 피우며 휴대전화에 정신이 팔려 바로 옆의 상황을 모르는 눈치였다. 나는 그 아저씨에게 도움을 청하려다, 몇 번이나 망설이다 그냥 돌아섰다. 돌아서는데 명치끝이 아팠다. 다른 사람들은 이럴 때 병원에 데려가 치료해 주기도 하고, 입양을 주선하거나 여의찮으면 본인이 키운다던데. 나는 그럴 용기가 없었다. 그러면서 화실에 있는 고놈을 생각했다. 떠돌이였던 녀석을 화실에 다니던 학생이 발견했단다. 부모님이 싫어하셔서 집에 데려가지 못하고 화실로 데려왔더란다. 당분간만 맡아주기로 했는데, 벌써 6년째 같이 지내고 있다.

 선생님의 품 안에 안겨 고단한 세상 시름 다 잊고 포근한 안락을 누리는 고놈을 보면서 생각한다. 나도 누군가에게서 위로받고 싶다. 나를 위해 밥상을 차려주고, 비가 오면 우산을 갖다주고, 어디 아픈 데는 없는지 내 안색을 살펴 주는 사람. 세상에 나 혼자 버려진 느낌이 들었을 때 살며시 내 곁에 다가와 토닥토닥 엉덩이를 두드려주며 사랑한다 사랑한다 말해 주는 사람. 무조건 내 편이 되어주는 사람. 나도 그런 사랑을 받아보고 싶다.

 갑자기 녀석이 내 앞에서 배를 드러내며 벌러덩 눕는다. 꼭 내가 발로 찬 것처럼. 그런데 나를 안다는 뜻이란다. 이게 뭐지. 준 것도 없이 받기만 하는 것 같은 느낌. 분명 얄미운 놈인데 미워할 수가 없다.

 고놈의 보드라운 털을 한번 쓰다듬어 보고 싶다.

엄마는 공부 중

　재옥 여사는 꽃을 좋아한다. 아이도 좋아한다. 얼마나 좋아하는지 지나가는 아이를 보면 그냥 지나치지 못하고 꼭 말을 건다. 또 잘 웃는다. 재옥 여사가 웃으면 나도 따라 웃게 된다. 재옥 여사는 우리 엄마다. 엄마가 치매에 걸렸다. 예쁜 치매다.
　손이 부지런한 엄마는 잠시도 가만있지 못한다. 손에 일거리가 없으면 텔레비전을 보면서도 무료함을 느낀다. 소파에 앉아 고개를 뒤로 젖힌 채 입을 벌리고 잠 속에 빠져든다. 엄마를 깨우기 위해 뭔가 소일거리를 만들어야 한다. 무를 깍둑썰어 주세요, 멸치 똥 따 주세요, 마늘 좀 까주세요. 내가 알랑거리면 엄마는 좋아서 엉덩이를 들썩거린다. 얼른 갖고 오라고 재촉하신다. 일거리를 장만하는 것이 만만찮을 때쯤, 나는 엄마를 위한 프로그램을 짰다. 우리 엄마 공부시키기.

토요일은 엄마가 우리 집에 오시는 날이다. 주중에는 동생네에서 지내며 주간보호센터에 다니시고, 주말에는 우리 집에 오신다. 남편이 가서 모시고 온다. 나는 엄마가 오시면 특별한 상을 차려 내놓는다. 상 위에는 전통 문양 도안이 그려진 종이와 색연필이 놓여있다. 엄마 마음이 급해진다. 상 앞으로 바투 앉으며 색연필을 집어 든다. 저리 좋으실까. 색연필에 침을 묻혀 가며 꼼꼼하게 색칠하는 엄마를 바라보는 나는, 참말로 흐뭇하다.

색칠 공부가 지루하겠다 싶으면 뜨개질 바구니를 내민다. 엄마는 뜨개질 도사다. 얼마나 능숙하게 잘하는지 눈을 감고도 할 수 있을 정도다. 뜨개질 코도 못 잡는 나는 머플러가 완성되어 갈수록 마음이 초조해진다. 엄마의 관심을 다른 데로 돌려놓고, 몰래 끝부분 조금만 남기고 주르륵 풀어버린다. 아무것도 모르는 엄마는 다시 뜨개질에 열중한다. 남편의 입이 달싹거린다. 내가 눈을 끔뻑했지만, 못 본 척하고 장난을 친다. 장모님은 여태까지 했는데 왜 아직 그것밖에 못 짰느냐고 놀린다. 엄마는 민망한 듯 웃기만 하신다.

음악 시간이다. 엄마는 노래 부르는 것을 좋아한다. 음치인 딸 내미 때문에 엄마 노래 실력이 좀 줄었다. 둘이서 노래 부르며 낄낄댄다. 같은 노래를 동시에 부르는데 음정은 제각각이다. 남편이 방문 앞에서 기웃대다 그예 못 참고 한마디 한다. 장모님은 그것도 노래라고 부릅니꺼. 잘 들어 보이소. 백-마-강 다알바암에-.

나는 남편을 밀어내고 방문을 닫아버린다. 다시 우리 둘이 맘대로 노래 부른다.

다음은 책 읽는 시간. 책장에 가득 꽂혀 있는 '좋은 생각'을 한 권 꺼내 드리면 혼자 재미나게 읽으신다. 한 글자 한 글자 짚어가며 또박또박 읽는 모습을 보면서, 어쩌면 지금이 엄마한테 가장 행복한 시간이 아닌가 싶다. 저렇게 책 읽는 것을 좋아하시니 시절을 잘 만났으면 작가가 되었을지도 모르겠다.

엄마가 글 읽는 모습이 좋았다. 언젠가 '좋은 생각'에 원고를 보냈다. 했던 말 또 하고, 샴푸로 세수하는 엄마가 '좋은 생각'을 소리 내어 읽으시면 내게는 글이 아니라 희망으로 들린다고 썼던가. 대여섯 줄쯤 되는 짧은 글이었는데, 책 한 귀퉁이에 글이 실리고 선물까지 받았다. 엄마 덕분에 글쓰기와 좀더 친해졌다.

쉬는 시간에는 담요를 깔아놓고 민화투를 친다. 엄마가 손에서 자꾸 화투를 흘리는 바람에 패가 다 보인다. 그래도 번번이 내가 진다. 희한하다. 이럴 때는 혹시 엄마가 그동안 일부러 정신을 놓은 척하는 건 아닌가 싶어진다. 백 원짜리 동전이 엄마 앞에 소복이 쌓이면 나는 땡깡을 부린다. 원래 이긴 사람이 다 치우는 거라고 우기며 엄마 앞으로 화투를 밀어버린다. 더듬더듬. 우리 엄마, 챙겨 넣는데 하세월이다.

하루 공부가 끝나면 잠자리에 든다. 나는 엄마 옆에 누워 엄마를 쳐다보면서 잔다.

소똥 옆에 홍시

대봉시 한 상자 샀다. 물렁한 것 여남은 개 골라 채반에 담았다. 뒀다가 홍시로 먹으면 맛있다. 단단한 것은 씻어서 마른 수건으로 닦았다. 감말랭이를 만들 참이다. 부채꼴 모양으로 썰었다. 나름 멋을 낸 건데 제법 그럴 듯하다. 건조기에 넣고 온도와 시간을 맞추었다. 가지런히 놓여있는 감 조각들이 출전을 기다리는 선수같이 비장한 눈길을 보낸다. 이제 사방에서 조여 오는 온기에 서서히 자신을 비워내고 오그라들 것이다.

찬바람이 불고 길 잃은 나뭇잎들이 이리저리 쏠려 다닐 때쯤이면 대봉시가 나온다. 해마다 나는 대봉시로 감말랭이를 만든다. 언젠가 내가 만든 감말랭이를 맛본 언니가 고개를 갸웃했다. 이게 감말랭이가 맞냐고 물었다. 아껴 먹는 것을 인심 쓰고 줬더니 딴소리하다니. 괜찮다. 그럴 줄 알았다. 내 입에만 꿀맛이면 된다.

허접하지만 내게는 훌륭한 간식거리다. 올해 가을도 감말랭이 덕분에 풍성할 것이다.

　대봉시를 보면 어머님 생각이 난다. 시댁에 가면 담 옆에 큰 감나무가 있었다. 대봉시였다. 키가 하도 커서 올려다보면 뒷목이 땡겼다. 감나무 맞은편에는 외양간이 있었다. 냄새가 얼마나 지독한지 절로 인상이 찌푸려졌다. 대문 밖을 나서면 길바닥에도 드문드문 소똥이 있어 잘 보고 걸어야 했다. 소는 자주 '음—머' 소리를 질렀다. 호기심에 어두컴컴한 외양간을 들여다봤다. 철퍼덕. 하필 그때 소가 똥을 누는데 한 바가지는 되겠다. 기척을 느꼈는지 소 한 마리가 내 쪽으로 몸을 돌리더니 얼굴을 쑥 내밀었다. 엄마야. 놀라 뒷걸음질 치는 순간, 뒤에서 또 철퍼덕 소리가 났다. 감나무에서 감이 떨어졌다. 소똥 옆에.

　새며느리가 느닷없이 소리를 지르니 어머님이 놀라 대문 밖으로 나오셨다. 그런데 며느리보다는 길바닥에 퍼질러있는 홍시가 먼저 눈에 띄었던 것 같다. "아이고, 아까버라." 하시더니 떨어진 홍시를 두 손으로 곱게 걸러 호르륵 드셨다. '아이고, 더러버라.' 나는 질겁했다. 홍시 맛이 똥 맛일 것 같아 부르르 몸을 떨었다.

　한동안 홍시를 먹지 않았다. 한데, 나이가 드니 소똥 옆에 떨어진 홍시를 아까워했던 어머님의 마음을 절로 알게 되었다. 홍시 맛도 안다. 단감 홍시보다는 대봉시가 더 좋다. 도톰한 속살이 얼마나 먹음직스러운지. 그때의 어머님처럼 나도 호르륵 빨아 먹는다. 그리고 껍질에 붙은 과육까지 훑어서 먹는다. 이제는 대봉시로 감말랭이도 만들어 먹을 줄 안다.

자꾸 건조기에 눈이 간다. 느긋하게 기다리면 될 것을 몇 번이나 열어 봤는지 모른다. 꾸덕해졌나 싶어 만져보면 아직 찐득하다. 한 개 집어 맛보면 떫은맛이 가시지 않았다. 하룻밤 자고 나서 보니 번데기처럼 몸을 말고 움츠러들었다. 서서히 수분이 마르고 하나둘 결이 생기기 시작했다. 쪼글쪼글해진 말랭이를 입에 넣었다. 달콤하다. 그려. 세상일이 어디 그리 쉽게 되는 것이 있나. 정성과 인내가 있어야 하고 시간이 필요한 것을.

꾸덕꾸덕 말려진 감말랭이를 냉동실에 넣으며 생각했다. 어머님 계셨으면 한 봉지 갖다 드렸으면 좋을 텐데. 참 맛나게 잡수실 텐데. 어머님 가신 지 십수 년이 지났다. 지금은 감나무도 외양간도 없다.

바람의 호흡은 부드럽고 햇살이 다정하던 그날. 조용한 골목에 소 울음소리 길게 퍼지고 소똥 옆에 퍼드러져 있던 홍시. 쪼그리고 앉아 그 홍시를 달게 잡수시던 어머님이 아련히 떠오른다.

용도 변경

우리 집 주방 풍경이 좀 새삼스럽다. 최신형이라고까지는 할 수 없지만 그래도 제 역할 충실히 하는 생생한 냉장고 옆에 삼십삼 년 된, 그러니까 유행이 한참 지난 서랍장이 있다. 오래되기도 했거니와 방이나 거실에 있어야 할 서랍장이 주방에 떡 하니 자리 잡고 있으니 엉뚱하게 보일 수도 있다.

이사 온 지 십수 년이 되었다. 묵은 집안 풍경이 마음에 걸렸다. 고민 끝에 집을 수리하기로 했다. 살림살이를 옮겨야 했다. 이 참에 평소에는 잘 쓰지 않는 것들은 버리기로 했다. 구석방에 있는 서랍장도 버리는 품목 대상에 이름을 올렸다. 아이가 태어나던 해, 늘어난 살림을 정리하기 위해 장만했었다. 동네 가구점에서 구입했는데 꽤 튼튼하다. 여러 번의 이사에도 버려지지 않고 용케 이 집까지 따라왔다. 요즘 가구와는 분위기가 맞지 않는다. 싸구려 티를 내느라고 번들거리기까지 한다. 세월이 지날수록 구석으로 내몰렸다. 열어본 적이 언제였는지 까마득하다.

맨 아래 서랍부터 한 칸 한 칸 열었다. 한복, 두루마기, 속치마, 고쟁이. 그래, 한복 차려입고 집안 행사에 참석할 때가 있었지. 아마 그때가 삶의 절정기였던 것 같다. 털실로 짠 스웨터, 조끼, 머플러도 한가득하다. 항상 부지런히 손을 놀리던 엄마는 겨울마다 뜨개질을 즐겨 하셨다. 엄마의 정성과는 달리 자식들은 별로 반기지 않았다. 사실은 나도 내키지 않았지만, 엄마의 무안함을 달래주려고 넙죽 받아오곤 했다. 입은 기억이 없다. 아이의 유치원복, 한복, 체육복, 태권도복. 교복도 있다. 처박아 두었던 거라 색깔이 바래고 얼룩이 지고 퀴퀴한 냄새가 났다. 망설이는 내게 아들이 넌지시 눈치를 주었다. 본인은 입었던 기억이 없고 다 엄마 추억이니 엄마가 알아서 하란다. 아이를 키우면서 느꼈던 그 달콤했던 기억을 이제는 가슴 속에 담아두기로 했다. 모두 싹 쓸어 쓰레기봉투에 넣었다. 자리만 차지하고 쓸모없어진 서랍장도 이 기회에 버리기로 했다. 아깝긴 했다. 흠집 하나 없으니 더 망설여졌다.

우리 집 주방은 어른이 훌라후프를 돌려도 될 만큼 넓다. 대신 수납장이 별로 없다. 제자리 없이 흩어져 있는 살림살이가 어수선했다. 집수리를 마치면 수납장을 마련할 참이었다. 번뜩이는 생각. 이 서랍장을 주방 수납장으로 쓰면 좋을 것 같았다. 아들과 남편은 시큰둥한 반응을 보였다. 시커멓고 묵직한 모양새가 주방 분위기와 맞지 않다는 것이다. 한 번 써보고 정 안 되겠으면 버리겠다고 했다. 실랑이 끝에 남편은 모르겠다며 입을 다물고, 아들은 엄마 맘대로 하라며 돌아섰다.

집수리를 다하고 임시로 맡겨 놓은 짐이 들어오는 날, 이삿짐센터 직원은 내가 서랍장을 주방에 두겠다는 걸 이해하지 못했다. 놓을 자리가 맞는지 두 번 세 번 물었다. 아무래도 어색하다며 자꾸 고개를 갸웃거리니 내 마음도 움찔했다. 그냥 버려야 하나 싶었다. 그때 아들이 슬쩍 내 편을 들어주었다. 우리 엄마 고집은 아무도 못 말리니 그냥 하라는 대로 해주세요.

서랍장이 냉장고 옆에 자리를 잡았다. 하얀 화분을 서랍장 위에 올려 두었다. 까만 가구에 하얀 화분, 그리고 초록 이파리가 분위기를 맞춰주었다. 벽에는 꽃 그림이 그려진 큰 액자를 걸었다. 식탁 위 조명도 한몫 거들었다. 됐다. 흡족하다. 어색한 것은 잠깐이면 지나간다. 시간이 지나면 원래 자리였던 것처럼 눈에 익을 것이다.

살림하는 재미에 푹 빠졌다. 전에는 주방에서 음식을 만들 때 잘하지도 못하면서 짜증부터 났는데, 요즘은 콧노래가 절로 나온다. 넓어진 조리대가 속 시원하다. 무엇보다 수납장으로 용도 변경된 서랍장이 참으로 신통하다. 여기, 저기, 거기에 흩어져 있던 잡동사니들을 한 곳에 불러 모으고, 그것들을 쓰임새대로 정리했다. 서랍장의 품새가 제법 넉넉해서 자질구레한 살림의 반이나 들어있다.

 때로는 이렇게 비껴가는 것도 재미있다. 수납장 자리에 서랍장이 있는, 이 파격의 미를 즐긴다. 엄숙하지 않아서, 엉뚱하고 장난스러워서 더 사랑스럽다. 그나저나 구석방에 처박혀 있다가 능청스럽게 주방에 떡하니 자리 잡은 이놈을 서랍장이라고 불러야 하나, 수납장이라고 불러야 하나.

편지

아파트 쪽문으로 나가면 바로 우체국이 있다. 그 앞에 서 있는 우체통을 볼 때마다 십 년도 더 전의 이야기가 어제 일인 듯 선명하게 다가온다. 그때, 매일 그 빨간 우체통 안으로 편지를 넣었다. 아들이 거기 있는 듯.

'소포 받고 엄마 울지 마라. 내 걱정 말고, 엄마 아빠나 잘 있어라.'

아들에게서 받은 첫 편지다. 아들이 훈련소에 입소한 뒤 입고 간 옷을 집으로 보낼 때 같이 따라왔다. 울지 말라고 해서 눈물이 났다. 그 뒤로 몇 번의 편지가 왔다. 할 말도 없는데 효도 편지 쓰라고 해서 쓴다며 걱정하지 말라고, 밥도 엄마가 해 준 것보다 더 맛있다고 적혀 있었다. 그때 나는 '대한민국 집배원 아저씨들 정말로 대단하다. 어떻게 주소를 반만 쓴 편지를 우리 집까지 용케 갖다줄 수 있는지. 제집 주소도 제대로 모르고 군대 간 놈은 첨 봤다.'고 답장을 보냈다. 남편은 글씨 꼬락서니가 이게 뭐냐고 혀를 끌끌 차면서도, 또 언제 편지가 오는가 싶어 목을 빼고 기다렸다. 억지로, 할 말이 없어 대충 몇 줄로만 채워진 글일지라도, 아들이 보낸 편지는 우리 부부에게 위안이 되었다. 글자보다 빈자리가 더 많았지만, 편지지의 여백은 새로운 환경에 잘 적응해 준 아들에 대한 고마움과 뿌듯함으로 채웠다.

나는 아들이 군대 가 있는 동안 하루도 빠짐없이 편지를 썼다. 어느 정도 마음의 준비는 하고 있었지만, 세상 물정 어두운 아들이 덜컥 입대하고 보니 심란했다. 군 생활에 잘 적응할 수 있기를 바라는 마음뿐, 내가 할 수 있는 것은 아무것도 없었다. 오직 편지 쓰는 것밖에는. 스쳐 지나가는 말로 엄마한테 편지가 오니 반갑고 좋긴 좋더라 하는 말에 내가 해야 할 의무같이 여겨졌다. 퇴근하고 집에 와서 집안일 끝내고 나면 파김치가 되어도 컴퓨터 앞에 앉았다. 소소하게, 마치 우리 옆에 아들이 있는 것처럼 주저리주저리 썼다. 제대 무렵에는 엄마 편지 약발 다 했으니 그만 쓰라고 눈치를 줬다. 그래도 썼다. 말은 그리 해도 막상 오던 편지가 안 오면 섭섭할까 싶었다. 가끔 한 자 한 자 정성 들여 손 편지도 썼다.

버리고 오기에는 마음에 걸렸던가 보다. 제대할 때 엄마한테 받은 편지를 몽땅 챙겨 왔다. 입동 추위가 절정이던 그날, 뒤도 돌아보기 싫다며 입고 있던 외투도 후임에게 물려주고 홑 군복을 입고 오면서 세상에, 내가 보낸 편지를 다 들고 왔다. 집으로 되돌아온 편지를 내 손에 쥐고 보니 어색하고 좀 민망했다. 다시 읽어보니 그만그만한 내용이라 별 감동도 없다. 그래도 그 글을 읽고 군대에서 버텨낼 힘을 얻었다니 고마웠다.

아들에게 보낸 편지는 어쩌면 내가 나에게 하고 싶은 독백이었는지도 모른다. 휑하니 남겨진 빈방을 들여다보면서 아들의 빈자리에 대한 헛헛한 마음을 채우고 싶었던 것 같다. 아니면 자식을 위해 엄마의 도리를 다했다는 뿌듯함을 느끼고 싶었을까. 지난 시간을 되짚어보니 그 시절에 주고받았던 편지는 내 마음의 몸살을 낫게 해 준 명약임이 분명하다.

신교대, 종행교, 그리고 사단별로 구분해서 파일에 정리했다. 네 권이다. 훗날 다시 읽어보면 어떤 느낌이 들까. 살다가 주저앉고 싶을 만큼 힘든 날, 그 편지를 꺼내 읽어 보면 엄마 생각하면서 다시 불끈 일어설 수 있으려나. 그랬으면 좋겠다. 편지는 힘이 세니까.

밤이 꽤 깊었다. 사념에 잡혀 잠이 달아나 버렸다. 뒤척이다 다시 전등을 켠다. 먼 산 바라보느라 자주 헛발질하며 살아왔지만, 이제 끌고 가기보다는 끌려가는 생이지만, 고비 고비 넘기고 무사히 이 시간에 안착한 나에게 편지를 쓰고 싶다.

내게 주어진 생의 질문지에 착실하게 모범 답안으로 채우며 살았다. 하나, 예기치 않게 휘몰아치는 비바람을 맞닥뜨릴 때면 나 몰라라 드러눕고 싶었다. 호작질로 막 헤집어보고 싶기도 했다.

그때 다시 일어나라고 채근한 것은 내가 나에게 건네는 편지였다. 버텨라, 버텨라, 또 버티라고 끝없이 담금질했다.

참 열심히 살아온 나에게 선물 같은 글로 격려해 주리라. 내가 내 이름을 불러본다. '현숙이에게'보다는 '현숙아'하고 부르는 게 낫겠다. 문득, 군대 간 아들에게 썼던 편지의 한 구절이 생각난다. 이제는 나에게 똑같이 보낸다. 나는 이 편지를 받고 힘을 얻을 수 있을까.

'너는 네 인생의 드라마에서 네가 주인공이라는 것을 잊지 말아라. 주인공은 차가우면서도 따뜻해야 하고, 총을 맞아도 절대 죽지 않아야 하며, 어려움이 있어도 좌절하거나 굴복하지 않고 오뚝이처럼 벌떡 일어나야 하고, 상대를 바라보는 눈빛마저도 그윽하니 분위기가 있어야 한다. 지금까지도 그래왔지만, 앞으로의 생활도 네 인생의 드라마에서 가장 빛나는 시절이 되길 바란다.'

마지막에는 나에게 사랑한다는 말로 끝맺음을 해야겠다.

꽃분이네 밭

　서쪽 하늘이 노을빛으로 물들었다. 붉게 물든 구름을 머리에 이고 누렇게 익은 벼들의 배웅을 받으며 세 량짜리 짧은 기차가 지나간다. 흙 묻은 장갑을 툭 툭 털고 일어서서 막 손을 흔들고 보니 좀 민망하다. 멋쩍어 고개 돌리다 남편과 눈이 마주쳤다. 그가 싱긋 웃는다.
　우리가 매일 해 질 녘에 출근하는 이곳은, 연꽃 단지 옆에 있는 금강동 공영 텃밭이다. 네 평쯤 되는 작은 밭이 11번 번호표를 달고 있지만, 우리 가족은 '꽃분이네 밭'이라고 부른다. 꽃분이는 원래 내 닉네임이었는데, 이제는 우리 가족을 대표하는 간판 이름이다. 이 작은 텃밭도 자연스럽게 '꽃분이네 밭'이 되었다.
　밭은 조막만한데 배추 모종을 많이 심었다. 빽빽하게 올라오는 배추를 보니 숨이 막힌다. 중간 중간 솎아서 먹으면 된다는 종묘

사 주인의 권유에 넘치도록 심었다. 벌레가 지나간 흔적으로 배 춧잎에 구멍이 송송 뚫렸다. 심하게 갉아 먹힌 것은 이파리가 너덜너덜해서 걸레 같다. 어떤 것은 초장부터 제압당했는지 폭탄 맞은 꼴이다. 아깝지만 보기 싫어 뽑아냈다. 벌레를 잡아보겠다고 장갑 끼고 나무젓가락 들고 잎을 아무리 헤집어 봐도 보이지 않았다. 땅 속에 숨어있는 듯하다. 흙은 시치미 뚝 떼고 모른척한다.

그에 비하면 무는 제법 무 티가 난다. 손이 무딘 남편이 그만 씨를 퍽 쏟아 부었다. 시루에 콩나물이 빽빽이 들어앉은 것처럼 무순이 질서 없이 제 맘대로 올라왔다. 며칠 동안 어린 무순을 가감 없이 솎아냈더니 듬성듬성 튼실하게 뿌리를 내렸다. 짙은 초록 잎이 바람결에 출렁댄다. 무청 아래로 보이는 뽀얀 속살이 탐스럽다.

밭 네 귀퉁이에 심은 메리골드는 날이 갈수록 인물이 환하다. 찬바람이 불어 이제 질 때도 됐지 싶은데, 가까이서 보면 아직도 만개할 때를 기다리는 노란 꽃봉오리가 많다. 벌레들이 메리골드에서 풍기는 특유의 냄새를 싫어한다고 해서 기피제로 심었는데, 별로 역할을 못 하고 저 혼자 예쁘기만 하다. 꽃이 하도 무성하게 피어서 채소밭이라기보다는 꽃밭 같은 착각이 들기도 한다. 사람들의 통행에 방해가 될까 봐 비닐 끈으로 조신하게 묶었다.

남새보다 잡풀이 더 많다. 찬바람이 일면 잡초는 맥을 못 추리라 가볍게 생각하고 신경 쓰지 않았더니 몰래 구석구석에 자리 잡았다. 작정하고 보니 눈에 거슬린다. 인물도 가지가지다. 오종종히 올라오는 게 꼭 봄날 들녘에 여기저기 고개 내미는 봄나물같이 앙증스럽다. 그대로 두면 지천으로 꽃이 필 거 같다는 착각도 든다.

기회는 우연히 찾아왔다. 막 겨울에서 봄으로 계절이 옮겨 갈 무렵, 동네 사거리 신호등 옆에서 펄럭이던 공영 텃밭 분양 안내 플랜카드가 눈에 들어왔다. 퇴직하고 무료하게 지내던 참이었다. 거의 두문불출하고 텔레비전을 보며 소일하는 남편과 같이 텃밭 농사를 지어보고 싶어서 신청했다.

봄기운이 움틀 무렵, 개장식에 참석해서 텃밭 가꾸기에 대한 정보를 얻었다. 마음먹은 대로 몸을 움직일 수 없는 남편과 농사가 처음인 나는 비가 오기만 기다렸다. 고대하던 비가 온 다음 날, 텃밭에 나가 땅을 뒤엎고 퇴비를 주었다. 또 비가 오기를 기다렸다가 마침맞게 땅이 꼽꼽할 때 두둑을 만들고 고추, 가지, 토마토, 호박, 오이, 상추, 고구마, 들깨 등 작물을 갖추갖추 심었다. 특히 고구마를 심을 때는 마스터님께서 친절하게 가르쳐 주셔서 내 서툰 손길이 힘을 얻었다. 밭 둘레에는 메리골드를 심었다.

매일 해 질 녘이면 남편과 같이 밭에 나간다. 잡초를 뽑고 물을 주며 나날이 커가는 작물들의 안부를 살피는 일이 빼놓을 수 없는 일과가 되었다. 안면을 튼 주위 밭주인들과 마주치면 이런저런 이야기로 수다 떠느라 해가 꼴딱 넘어가고서야 헤어지기도 했다. 남편의 얼굴에 생기가 도는 것을 보며 작은 희망을 가졌다.

  한 뙈기도 안 되는 텃밭을 가꾸면서도 남편과 나는 서로 의견이 맞지 않아 자주 티격태격한다. 그래도 그동안 하루 종일 한 집에 같이 살면서도 말 한 자락 나누지 않고 데면데면 지냈던 날들에 비하면 집 안에 활기가 돈다. 마주 앉아 밭작물에 대해 이런저런 이야기를 나누기도 하고, 신문지를 넓게 펴놓고 손톱 밑이 까맣도록 고구마 줄기를 까기도 한다.

  어제 저녁에는 밭에서 가져온 무로 생채 나물을 무쳤다. 배추와 쪽파도 종종 썰어 함께 넣었다. 갓 지은 밥에 나물을 넣고 고추장 한 숟갈 넣고 참기름도 한 방울 떨어뜨려 쓱쓱 비벼서 푸지게 먹었다. 왕후장상의 밥상이 부럽지 않았다.

  하루 종일 햇살이 비치고 넉살좋은 바람이 머물다 가는 이 곳. 꽃분이네 밭에 오면 절로 가슴이 따뜻해진다. 무가 실하게 자라 기특하다. 벌레 먹은 배추도 기죽지 않고 메리골드, 잡풀과 어우렁더우렁 어울려 잘 지낸다. 후루룩 떼 지어 날아가는 참새들의 웃음소리가 온 들녘에 퍼진다.

어느 따뜻한 봄날에

　가끔 그 남자가 생각난다. 작년에 남편이 병원에 입원했을 때 같은 병실에 있던 사람이다. 출입문 바로 옆에 그 환자의 침대가 있었다. 차마 바로 볼 수 없었다. 환자복을 제대로 갖춰 입을 수 없어 상체가 반이나 드러난 그의 모습은 털 깎인 한 마리 원숭이 같았다. 발목은 침대에 묶여 있었다. 바싹 마른 몸에 콧줄을 달고 턱 밑에는 얼굴 크기만 한 혹이 있었다. 말을 할 수 없어 큰 눈을 부라리며 의사 표현을 했다. 간병사의 손길을 거부하고 사춘기 소년처럼 반항했다. 수시로 콧줄을 빼거나 다리로 침대 난간을 치고 막무가내로 침을 뱉었다. 간병사는 거친 말투로 그를 대했다. 같은 병실에 있는 환자나 보호자는 못 본 척하고, 간병사들은 저들끼리 킥킥 웃어댔다.
　진통제로 하루하루를 견디는 그에게 방사선 치료 진단이 내려졌다. 그는 거부했다. 다음 날 동생이 찾아왔다. 방사선 치료를 권했지만, 남자는 동생을 외면했다. 가까이서 이 장면을 바라보던 나는, 동생의 건조한 마음을 알아차렸다. 소용돌이치는 형의 감정도 느껴졌다. 그리고 오래지 않아 남자의 마지막이 올 것 같은 예감에 가슴이 먹먹했다. 우리가 퇴원하던 날, 나는 그동안 드나들며 눈길을 피했던 그 남자의 침대를 스쳐 지나오며 공손히 목례했다. 그도 빙긋이 웃으며 같이 고개를 숙였다.

나는 아직 죽어보지 않아 죽음을 모른다. 언젠가는 찾아올 마지막 선물이다. 피할 수 없는 이 죽음이라는 선물을 어떻게 받아들일 것인가. 남편의 투병 생활을 지켜보면서, 죽지 못해 살고 있는 그 남자를 떠올리며 생각이 깊어진다.

몇 년 전, 형부를 떠나보냈다. 존재 자체만으로도 든든했고 기댈 수 있는 사람이었다. 나를 보면 항상 우리 이쁜 처제라며 반겨주었다. 공직 퇴임 무렵 병이 찾아왔다. 나는 형부의 투병 생활을 지켜보면서 이겨낼 수 있으리라고 믿었다. 그런데 훌쩍 가버렸다. 다시는 볼 수 없게 되었다. 크게 울었다. 그즈음, 둘째 아주버님도 우리 곁을 떠나가셨다. 바르고 강직한 성품을 지녀 내가 존경했던 분이다. 집안의 어려움을 해결하시며 천년만년 우리 곁에 계실 줄 알았는데 갑자기 찾아온 병마에 쓰러지셨다. 두 분 다 아무 준비도 없이 아까운 나이에 가시는 걸 보니 허망했다.

지금 멀쩡히 살아있는 남편을 한 번씩 쳐다볼 때마다 미안한 마음에 고개를 들 수 없다. 고백하건대, 응급실에서 사경을 헤매는 남편을 보며 왈칵 두려움이 밀려왔다. 의식이 혼미한 이 상태가 지속되어 죽지도 살지도 못하고 이대로 식물인간이 되면 그 뒷감당을 어떻게 해야 하나. 차라리 짧은 시간 슬픔을 감내하더라도 보내주는 게 더 낫겠다는 속내를 감출 수 없었다. 지켜봐야 하는 가족은 물론, 환자에게 고통만 주는 연명은 피하고 싶었다. 과연 그때 남편도 나와 같은 마음이었을까. 차마 물어보지 못했다.

문득 내 삶의 끝은 어떤 모습일지 걱정되었다. 언젠가 직장 동료와 속이야기를 나눈 적이 있다. 평소 눈인사만 하고 지내던 사이였는데, 겨울 방학 중에 당직을 같이하면서 이런저런 이야기를 나누었다. 그녀는 남편과의 불화로 상처가 많았다. 하지만 늘 우스갯소리를 하며 주위 사람들을 기분 좋게 해 주는 사람이었다. 독실한 기독교 신자였다. 말년을 걱정하는 나와 달리 그녀는 하나님이 계셔서 마지막을 다 챙겨 주실 거라 걱정이 없다며 밝게 웃었다. 그녀에게 그런 힘이 있었구나. 나의 믿음을 한 번 돌아봤다. 불교의 불佛 자도 모르면서 어쩌다 한 번, 정말 어쩌다 한 번 절에 간다. 부처님은 나의 마지막을 어떻게 챙겨 놓으셨을까. 받아 주시기라도 할까.

따뜻한 봄날에 자는 듯이 가고 싶다고 원을 내셨던 할머니. 자신의 바람대로 꽃향기 한창이던 오월에 잠시 담배 피우며 누웠다가 담뱃불이 채 꺼지기도 전에 하얀 연기 따라 홀연히 떠나셨다.

고통 없이 편안하게 영면에 드신 할머니처럼 내 삶의 마지막도 그랬으면 좋겠다. 돌아서는 뒷모습이 깨끗했으면 싶다.

  사람들이 죽음을 두려워하는 것은 누구도 죽어 본 적이 없기 때문이다. 그리고 그 죽음을 오롯이 혼자 감당해야 한다. 언젠가는 가야 할 그 길을 조금 덜 외롭고 조금 덜 고통스럽게 떠날 수 있도록 마음 준비를 한다면 삶의 무게가 가벼워지려나. 어느 따뜻한 봄날에 자는 듯이 가볍고 평안하게 가고 싶다.

여자와 남자

　어릴 때 나는 무용수가 되고 싶었다. 반백 년을 넘게 살아온 지금 생각하면 얼토당토않은 꿈이지만, 그때는 그랬다. 무대 공연이 끝나면 관객들이 박수를 친다. 그 광경은 생각만으로도 짜릿했다.
　나는 춤추는 것을 좋아하지 않는다. 아예 흥이 없다. 박자도 못 맞춘다. 그럼에도 무용수가 되고 싶었던 것은 사람들 앞에서 나를 드러내어 인정받고 싶은 욕구가 내 안에 있었던 것 같다. 그런데 나는 까불다가도 막상 멍석을 깔아주면 절로 '얼음'이 된다. 이런 이율배반적인 행동은 무슨 심리일까. 아무리 생각해도 내가 남자가 아닌 여자여서 그런 것 같다.
　나는 일상에서 뭐든 남편을 우선으로 한다. 무의식적으로 그렇게 몸에 뱄다. 빨래를 널 때 남편 옷은 앞 베란다에, 내 옷은 뒤 베란다에 넌다. 남편에겐 은수저를 챙겨주고 나는 (집에 은수저가 몇 벌 있는데 굳이) 스테인리스 수저를 쓴다. 금방 장만한 반찬은 남편 앞에 내밀고, 먹고 치워야 할 반찬은 내 앞에 놓는다. 남편에겐 비싼 옷을 사줘도 아깝지 않은데, 내 옷은 분에 좀 넘친다 싶으면 속이 쓰리다. 나는 결단코 남자는 하늘이라고 생각하지 않는다. 그럼에도 내가 남편 위주로 사는 것은 엄마의 영향이 크다. 엄마는 아버지 앞에서 평생 눈 감고 귀 막고 입 닫고 살아 온 아내였다. 아니, 그런 여자였다.

드라마 '여로'가 인기리에 방영되고 있던 그해 여름이었다. 우리 가족은 포항 해수욕장에 갔다. 나는 저녁에 늦게 오면 여로를 못 볼 것 같아 가지 않으려고 뻗댔지만, 소용없는 짓이었다. 아버지 말씀이 곧 법이다. 아버지는 중학생이던 내게 교복을 입으라고 하셨다. 세상에, 교복 입고 해수욕장에 간 사람은 나뿐일 것이다. 바닷가 근처에 방을 하나 얻었다. 옷을 갈아입고 벽에 걸려고 하는데, 엄마가 내 옷을 받아 아버지와 남동생들 옷 밑으로 걸었다. 여자 옷이 남자 옷 위로 올라오면 안 된다는 것이다. 엄마는 살림 살면서 장사까지 하느라 항상 분주하게 사셨다. 자라면서 엄마와 정답게 눈 맞추며 이야기를 나눠 본 기억이 없다. 그날, 그 해수욕장, 그 방, 그 옷 그리고 엄마의 그 말은 내가 엄마에게 배운 유일한 가르침이었다.

엄마에게 남자는 감히 범접할 수 없는 고귀한 존재다. 엄마가 우리 집에 오셨을 때, 내가 남편에게 반말하거나 버럭 화를 내거나 큰 소리로 말하면 엄마는 몸 둘 바를 몰라 하셨다. 엄마는 전혀 상상도 할 수 없는 장면을 눈앞에서 맞닥뜨린 것이다. 이 분위기를 어째야 하나 싶어 손으로 입을 가리고 자꾸 웃기만 하면서 사위 몰래 내게 눈을 흘기셨다. 대꾸 없이 허허 웃으며 장난스럽게 받아치는 사위를 보면서 세상에 둘도 없이 어진 사람이라고 좋아하셨다.

나는 엄마가 아버지 돌아가시면 좋아하는 노래 실컷 부르고 하고 싶은 것 마음대로 하며 세상을 훨훨 날아다니실 줄 알았다. 그런데 아버지가 쓰러지신 그날부터 정신을 놓았고, 아버지가 돌아가시고는 기억마저 놓았다. 아버지 보고 싶지 않느냐고 내가 물었을 때 엄마의 대답은 짧았다. 뭐 짜다라 보고 싶은 것도 없다. 부부 인연으로 만났으니 남편이라고 평생 받들고 살았지.

어느 시인이 그랬다. 우리나라 남자들은 아내 등쳐먹고 살아왔다고. 물론 대한민국 남자가 다 그랬다는 것은 아닐 터. 가부장적인 사회 관습으로 여자들이 희생적인 삶을 살았다는 뜻일 게다. 오죽하면 엄마와 둘이 살았다는 사람이 술에 취해 밥상 엎는 아버지가 없어서 그래도 나름 행복했다고 회상했을까. 우리 엄마 세대에서나 보고 들을 수 있는 풍경이었다. 사회가 변하고 있다. 세상에 똑똑한 여자가 얼마나 많은데. 여자의 사회 진출로 여권이 신장되고, 육아를 전담하거니 전업주부로 사는 남자가 늘어나는 추세다. 수직적인 사회에서 수평적인 사회로의 전환기다.

우리 집도 원래는 '남자와 여자'가 살았으나 지금은 '여자와 남자'가 산다. 젊었을 때는 내가 세상일에 둔한 편이라 남편을 의지하고 살았다. 뭐든 남편의 결정대로 따랐다. 혼자 잘난 줄 알고 기고만장하던 남편이 무너졌다. 믿을 건 나밖에 없었다. 이제 남편이 버럭 소리를 지르면 나도 같이 목소리를 높인다. 남편의 말 한마디에 나는 두 마디로 응수한다. 남편보다는 내 기가 더 세다. 엄마가 보시면 기함할 일이다. 여전히 남편 밥을 먼저 푸고 남편 식성 위주로 반찬을 장만한다. 그 대신 해물탕을 끓이면 식탁에 내기 전에 전복을 반으로 잘라 큰 조각을 먼저 내 입에 넣는다. 계란 프라이를 하면서 노른자가 탱글탱글한 것을 내 몫으로 챙긴 적도 있다. 그러다 울컥해진다. 내가 보여서다. 남자가 아닌 여자로 태어나서 많은 것을 양보하고 당연히 그래야 하는 줄 알았는데, 내 안의 내가 나를 일으켜 세운다.

무용수가 되고 싶었던 어린 날의 꿈은 내 가슴 한쪽에 고스란히 남아있다. 고단한 여자의 삶을 읊었던 여로의 주제가가 아직도 내 입에서 흥얼거린다. 엄마와 같이 자주 불렀었는데. 엄마의 희생으로 우리 오 남매 잘 자랐고, 나의 고단함으로 우리 가정을 지켰다. 토닥토닥. 내 어깨를 토닥여주고 내 가슴을 어루만진다. 내일은 요양 병원에 계신 엄마 면회 하러 가야겠다. 가서 꼭 안아 드려야지.

못생긴 손

참 못생겼다. 내 손은 오 남매 중 유일하게 아버지 손을 닮아 두툼한 데다 손가락은 굵고 짧다. 중학교 때 친구가 내 손을 보고 국어 선생님 손 같다고 놀렸다. 남자 선생님 손을 닮았다고 한 것은 못생겼다는 걸 에둘러 표현한 거다.

나는 팔찌는커녕 반지조차 끼지 않는다. 내 못생긴 손에 어울리지 않는다. 누군가 악수하자고 손을 내밀면 살짝 손가락 끝만 시늉으로 내고 얼른 거둔다. 사진을 찍을 때는 주로 팔을 허리 뒤로 돌려 손을 감춘다. 굵은 팔목 아래 뭉툭한 손이 눈에 거슬려서 내놓기 싫다. 나이가 들면서 검버섯도 피었다. 손을 보면 그 사람이 살아온 내력을 알 수 있다는데. 내 지난한 삶을 못생긴 손이 말해준다.

몇 년 전, 직장에 근무할 때다. 시간외 근무 확인을 위해 인식기에 지문 등록을 해야 했다. 그런데 나는 손가락에 지문이 없어서 찍지 못했다. 담당자는 나이가 들면 더러 그런 사람이 있다고 했지만, 나는 당황스러웠다. 내가 노동일을 한 것도 아닌데 왜 지문이 닳았을까. 하긴 부지런을 떨며 살긴 했다. 급한 성질에 장갑 찾아 낄 새도 없이 일에 덤벼든 적이 어디 한두 번이었던가. 손을 들여다보며 새삼 미안한 마음이 들었다. 꽃물 한 번 들인 적 없다. 조금 자랐다 싶으면 지글지글 간지러운 마음에 후딱 잘라버린다. 얼마 전부터 손톱 끝이 부러지기도 한다. 부러진 만큼 쑥 들여다 깎으면 제법 자랄 동안은 불편하고 아프기도 하다. 그래도 엄마 손보다는 낫다. 엄마 손은 내 손보다 더 거칠었다.

 엄마 손은 험했다. 우리 집은 지업사를 했다. 종이 한 장은 가볍지만, 종이 뭉치는 무겁다. 천성이 부지런한 엄마는 점원들이 해도 될 일을 손수 나서서 했다. 장정이 들어도 힘든 벽지 상자를 들고 옮기며 몸을 아끼지 않았다. 손바닥은 나무껍질처럼 까칠까칠하고 손가락 끝은 갈라졌다. 그런 엄마 손을 보면서 수세미 같다고 놀렸다. 등이 가려우면 엄마 앞에 앉아 등을 내밀었다. 엄마가 손바닥으로 그냥 슬슬 문지르기만 해도 짜릿짜릿 시원했다.

 이제 엄마는 요양 병원에 계신다. 내가 딸인지도 모른다. 낯선 사람이 자꾸 아는 체를 하니 눈을 감아 버린다. 나는 이불을 들추고 앙상한 엄마 손을 찾아 잡는다. 엄마 손바닥은 다 쓰고 난, 그래서 버려야 하는 낡은 수세미같이 맨질맨질하다. 쭈글쭈글한 손

못생긴 손 **45**

등과 달리 손바닥은 복숭아 속살같이 보드랍다. 그 손바닥의 감촉이 나는 서럽다. 엄마가 내 손을 꼭 잡는다. 아버지 손을 닮아 두툼한 내 손을 잡고 딸인 줄 아신 걸까.

우리 집 살림을 맡아주던 이모가 있었다. 외가 쪽 먼 친척이었다. 내가 결혼 준비에 한창일 즈음, 이모가 내게 밑도 끝도 없는 말을 툭 던졌다.

"숙이 니는 복이 양손에 있대이."

이모에게 어떤 영험한 능력이 있었을까. 그냥 뱉어 본 말인지도 모른다. 손에 복이 있다는 건 어떤 의미일까. 일복이 많다는 뜻일까. 재복이 많다는 뜻일까. 고생하지만, 그만큼의 대가가 주어진다는 뜻일까. 이모가 부연 설명이라도 해주었으면 좋았으련만. 어쨌든 나는 이날까지 살아오면서 그 말을 한 번도 잊은 적이 없다. 살면서 고비가 있었지만, 그럭저럭 잘 넘겼다. 잘 먹지는 못해도 못 먹고 살지는 않았다. 못생겼지만, 양손에 있는 복의 기운 덕분이었을까.

손을 들여다보며 이 손의 이력을 되새겨본다. 짧고 뭉툭한 아버지 손이 시작일까. 잠시도 가만있지 못하고 일을 찾아 하던 엄마의 거친 손이 시작일까. 흘려들을 수도 있는 오래전 얘기를 지금껏 기억하며 손을 믿고 살아온 것이 이미 '복'일 수도 있다. 못생겼지만, 지상 어디에도 없는 손이다.

담배 피우는 남자

"어, 담배 냄샌데. 어디서 나지?"

남편 목소리가 커진다. 그러게. 코를 벌름거리며 냄새를 따라갔다. 베란다 창 앞에 멈춰 섰다. 바로 앞에 있는 놀이터가 한눈에 들어온다. 어른 걸음으로 가로로 스물다섯 발걸음, 세로로 오십 발걸음쯤 되는 아담한 크기의 놀이터다. 둘레는 연두색 철망으로 둘려 있다. 해거름이면 아이들 노는 소리로 시끌시끌한 곳이다. 어제 아침에도 단지 내 어린이집 꼬마들이 나와서 까르르 웃음을 날리며 뛰어 놀다 갔다. 이 놀이터에서 한 남자가 담배를 피우고 있다.

남자는 놀이터 가장자리를 따라 시계방향으로 걷는다. 납작한 재색 슬리퍼가 남자를 끌고 간다. 왼손에는 담배를 쥐고 오른손에는 휴대전화를 들고 있다. 담배 연기가 안개같이 피어오르며 남자를 따라간다. 남자의 눈은 휴대전화에 꽂혀있다. 그런데 남자의 꼴이 가관이다. 남편 말대로 저게 반바지가 맞나, 빤스 아닌가 싶을 정도로 아주 짧은 옷을 입었다. 윗옷에 가려져 조금 드러난 부분을 보면 군복 같은 얼룩무늬다. 다리가 길다. 허연 다리가 굴곡도 없이 길게 쭉 뻗었다. 한 바퀴 돌다가 우리 집 창 앞으로 오면 얼굴이 보인다. 몇 살이나 되었을까. 이목구비가 굵직하니 제법 잘생겼다. 이마가 한참 위로 벗겨져 있고 머리카락은 옆에, 뒤에 듬성듬성 붙어있다. 둥글하고 큰 두상에 피부는 불그죽죽하다. 머리카락도 수염도 굵은 눈썹도 다 허옇다. 아이고, 나이도 있는 사람이 창피스럽게 옷을 왜 저렇게 입었을까. 아직 새벽 공기가 찬데 저 사람 아내는 남편 옷을 왜 저렇게 입혀 보냈을까. 왜 남의 집 앞에서 담배를 피울까. 내 입에서 비아냥대는 소리가 절로 나온다. 남자 입에서 연기가 피어나고 냄새는 우리 집으로 넘실넘실 넘어온다.

 남편이 창문을 닫으며 중얼댄다. 다른 사람은 생각지도 않고 저래 담배 피우면 어떡하냐고. 사돈 남 말 하네. 나는 어처구니가 없어 눈을 흘겼다. 본인이 담배 피우던 시절은 생각나지 않는가 보다. 남편은 담배 끊은 지 한 십오 년 되었다. 한창 피울 때는 하루에 두 갑 넘게 피웠다. 베란다 의자에 앉아 고개를 푹 숙이고 두 손은 머리를 감싼 채 끊임없이 담배 연기를 뿜어댔다. 하얀 연기가 머리 위로 뭉글뭉글 피어올라 화로에 불을 피운 듯했다. 잔소리 했지만, 소용없었다. 그러더니 어느 날 갑자기 담배를 손에서 탁 놓았다. 지금 생각하니 본인 스스로 건강에 이상을 느꼈던 것 같다. 육 개월 가량 지나 다시 담배를 찾는가 싶을 즈음 아들이 입대했다. 아들은 군대에서 안부 전화를 할 때마다 아빠가 다시 담배 피우는지 확인했다. 차마 군 복무 중인 아들한테 나약한 아빠의 모습을 보여주기 싫어 끝까지 참아냈다. 지금은, 담배 연기 냄새만 맡아도 구역질을 한다.

 세월이 지나 지난 시간을 돌아보면 그 시절이 남편에게 가장 힘든 시기였던 것 같다. 사업에 실패하고 병을 얻었다. 다시 일을 하고 싶어 했지만, 여의찮았다. 정신은 말짱한데 몸은 말을 듣지 않고 세상에서 자기가 할 수 있는 일이 없었다. 그대로 주저앉아야 했다. 당시 남편에게 뭐가 만만했을까. 아내에게 미안하고 자식 볼 면목도 없는 처지에서 담배가 제일 만만했지 싶다. 담배 한 대 피면 긴장이 풀리고 끓어오르던 속도 가라앉지 않았을까.

 그때 나는 남편의 상실감을 알지 못했다. 이제 눈에 보인다. 남의 남자의 담배 연기에서 내 남자의 담배 연기가. 고개를 푹 숙이고 연기를 뿜어 올리던 남편의 속이 화롯불이었음을. 저 남자에게는 어떤 사연이 있을까. 아직 어둠이 채 가시지 않은 여명 속에서 혼자 저렇게 담배를 피우며 걸어야 하는 속사정이 있는 건가. 저 사람의 아내도 참 속이 타겠다. 분명 다른 바지 입고 나가라 했겠지. 담배 피우지 말라고 했겠지. 이 아파트 어디에선가 우리처럼 저 남자를 바라보고 있는 그녀의 눈길이 있을 것 같다. 외줄 위의 어름사니를 보듯 가슴이 조여 온다.

밤중에 차 뒤에 쪼그리고 앉아 빨간빛을 깜빡깜빡 밝히던 3층 아저씨, 동성로 뒷골목에서 인상 쓰고 침 뱉어가며 담배 피우던 한 무리의 청년들. 아, 집 앞 마트에서 과장님이라 불리던 젊은 사람도 가게 맞은편 벤치에 앉아 캔 커피 마시며 담배도 피우더라. 담배 피우는 남자가 참 많구나. 사는 일이 생각보다 힘들다는 거겠지. 그렇다고 담배로 빈속을, 빈 마음을 채우려하다니. 누가 그랬다. 가다가 넘어지면 다시 일어나면 되고, 안 되면 왔던 길 다시 돌아가면 된다고. 그런데 이런 깨우침은 꼭 늦게 온다.

구국구국-. 비둘기 소리가 하루를 연다. 다시 베란다로 나가 창밖을 내다본다. 놀이터 모퉁이에 햇살 한 움큼 내려앉았다. 남자는 없다. 이쪽저쪽 둘러봐도 보이지 않는다. 가슴을 쓸어내린다. 부디 그의 삶이 어긋나지 않기를.

2부

아름다운 감옥

그날, 달구비가 쏟아져 내리던 날엔 빗속에 갇힌 듯, 무주공산에 혼자 있는 듯 아득했었다. 공손하게, 내 못생긴 마음을 다독이고 단정한 생각들을 한 줌 한 줌 모아 가슴에 담았다.

- 아름다운 감옥

대신동 266번지

동네 오일장에 갔다. 입소문으로 듣고 한번 가봐야지 벼르고 있던 참에 텃밭에 심을 고추 모종을 사러간 거다. 이른 아침인데도 사람들로 북적인다. 몇 번 이 길을 지나갔었다. 상점들이 줄지어 있고 도로 양쪽에 차들이 길게 주차되어 있는, 그냥 평범한 골목이었다. 이렇게 오일장이 열리는 곳인 줄 몰랐다. 세상에, 그 많던 차들은 흔적도 없고 난전이 끝없이 펼쳐져 있다. 주로 과일, 채소다. 오랜만에 시끌벅적한 시장 풍경을 보니 마치 어린 시절로 돌아간 듯 마음이 울렁댄다.

사람들은 시장 구경이 재미있단다. 우울하거나 심심할 때 시장에 나가서 사람들의 활기찬 모습만 봐도 마음이 풀린다고 한다. 나는 시장이 싫다. 웬만해서는 시장에 안 간다. 어릴 때, 우리 집은 시장 안에 있었다. 부모님은 서문시장 5지구 옆에서 지업사를 했다. 시장에는 항상 사람들이 많았고, 명절 무렵이면 발을 옮기기조차 쉽지 않았다. 나는 일부러 아무한테나 몸을 툭툭 부딪쳐 지나가며 혼자 심술을 부렸다. 시장에서 자랐지만 나는 지금도 장사꾼들의 걸판진 목소리에 위압감을 느끼고, 주고받는 흥정도 감당이 안 된다.

시장에는 어른은 많고 아이들은 없었다. 동네 친구가 없었다. 언니와 나는 한참 어린 남동생 둘과 신랑, 각시 짝지어서 소꿉놀이를 했다. 베개를 좌판 삼아 장사 놀이를 했다. 아이들과 숨바꼭질, 고무줄놀이 해 본 기억이 없다. 또래와 놀아본 적이 없는 나는 학교에서 친구들과 놀 때도 깍두기였다. 제풀에 혼자 서러워 쪼그려 앉아 훌쩍이기도 했다.

낮에는 시장에 사람들이 넘쳐나지만, 밤에는 텅 비었다. 언니와 나는 넓은 시장을 밤도깨비 같이 천방지축으로 뛰어다녔다. 집 뒤에 있는 청과물전과 옹기전도 우리들의 놀이터였다. 옹기전에는 크고 작은 장독들이 높이 쌓여 있었다. 그것들이 와르르 무너질까 봐 뛰어다니면서도 몸을 움츠리고 눈은 자꾸 위로 향했다. 위풍당당하게 서 있는 장독들, 그리고 그 위 까만 하늘에는 별이 빽빽하게 박혀 있었다. 아직도 눈에 선하게 떠오르는 풍경이다.

얼마 전 서문시장에 갔다. 어릴 적 내가 살았던 그곳이 궁금했다. 엎어지면 코 닿는 곳인데 발걸음하기가 쉽지 않았다. 어쩌다 볼일이 있어 가더라도 살 것만 사고 바로 집으로 왔다. 시장 입구에서 쭉 걸어가면 건어물전이 있고, 그 건어물전 끝을 지나 왼쪽으로 꺾어 들면 골목이 있다. 이미 낯선 곳이 되어 버린 그 골목 모퉁이에 세월의 색이 내려앉은 이층 건물이 있다. 대신동 266번지, 내 어릴 적 살던 집이다.

초로의 노인이 마른 고추, 참기름 등을 팔고 있었다. 무심히 지나가는 사람인 척했지만, 가게 주인과 눈이 마주쳤다. 용기를 내어 가게 안으로 들어갔다. 어릴 적에 살았던 집이 궁금해서 찾아왔다고 말씀드렸다. 아는 체를 하신다. 들어보니 우리 부모님은 물론 언니를 알고 있지만, 둘째인 나를 모르는 눈치다. 양해를 구하고 집 안으로 들어갔다. 부엌은 입식으로 바뀌었다. 손바닥만 한 마당을 보니 아버지 생각이 났다. 이불을 들썩거리며 장난치다가 아버지가 마당을 가로질러 마루로 올라오는 발걸음 소리가 나면 순식간에 동작 정지했었지. 입 꼭 다물고 눈 꼭 감고 자는 척하는 우리를 보고 말없이 형광등을 끄고 나가셨다.

시장을 한 바퀴 쭉 돌아보니 눈에 익은 듯 낯선 풍경이 새롭다. 주차장 옆에 소방서가 있다. 사람들은 알까. 전설 아닌 전설 같은 이야기를. 몇 년에 한 번씩 꼭 설 대목에 불이 크게 났다. 한밤중에 멀리 시뻘건 불길이 하늘로 치솟는 것을 보고 있으면 가슴이 졸아들었다. 시장 골목에는 불길이 더 번지기 전에 빼내온 물건을 실은 리어카로 넘쳐났다. 전쟁통이 따로 없었다. 원래 큰 못池이 있었는데 물에 빠져 죽은 처녀 귀신의 원한 때문이라는 뒤숭숭한 이야기가 돌았다. 그 못이 있던 자리에 소방서가 들어섰다. 이렇듯 전통과 역사가 살아있는 서문시장이 내 고향이다.

여기, 동네 오일장에서 어릴 적 추억을 되새긴다. 도시 외곽지에 있는 동네라 직접 키운 푸성귀를 가져다 파는 할머니들이 많다. 그때도 그랬다. 우리 가게 앞에 난전이 줄지어 있었다. 떡도 팔고 묵도 팔던 할매, 함지반티에 생선을 담아 고래고래 소리 지르며 팔던 아지매가 눈앞을 스쳐간다. 오래된 시간의 냄새가 따라온다. 세월 따라 세상 모든 풍경이 바뀐 줄 알았는데, 변하지 않는 것도 있구나. 어쩌면 앞으로도 변하지 않을 풍경인 것 같다. 그게 시장이다.

돌아서다

또 하루가 저문다. 빈 가지 사이로 어둠살이 내려앉는다. 마른 나뭇잎들, 바람이 부는 대로 하릴없이 몰려다닌다. 벌써 가을이 깊었구나. 세월의 무상함을 실감한다. 오늘이 지나고 내일이 오듯, 머잖아 이 계절도 지나갈 것이고 겨울이 오리라. 사는 것이 그런가 보다. 작정하지 않아도 돌아서는 것은 보내야 한다는 것.

도시의 한복판에서 태어나고 자라서인지 시골은 내게 참으로 어색하고 낯선 공간이었다. 하늘은 텅 비었고 멀리 보이는 푸른빛의 바다는 끝이 보이지 않았다. 그날, 그 휑한 들판에 나를 혼자 남겨 두고 엄마는 갔다. 한 번도 뒤돌아보지 않고. 엄마의 뒷모습을 한참 바라보다 나도 돌아섰고 다시 뒤돌아봤지만, 엄마는 앞만 보고 걸어갔다. 한 번 더 뒤돌아봤을 땐 버스 정류장 낡은 건물 모퉁이로 돌아간 엄마의 모습이 보이지 않았다. 햇살은 밝은데 스쳐

가는 해풍은 차려입은 블라우스 속을 차갑게 헤집고 들어왔다. 스물두 살. 어린 나이는 아니지만 연습도 없이 생전 처음 부모 곁을 떠나 혼자 미지의 땅에 발을 딛게 되었다. 그때의 난감하던 심정을 떠올리면 지금도 가슴이 쌉싸름해진다.

교대를 졸업하고 보름이 채 지나지 않아 신문 호외의 신규 교사 발령 명단에 내 이름이 있었다. 동해안 끝 바닷가 마을로. 부임지로 간 3월 첫날, 나와 동행한 엄마는 학교 앞에 조그만 방을 얻어 살림을 챙겨주셨다. 하룻밤을 잔 뒤 아침 출근길에 교문 앞에 나를 남겨 두고 엄마는 혼자 가셨다. 집에는 또 챙겨야 할 가족이 있어 엄마의 발걸음을 재촉한다는 것을 알면서도 나를 두고 뒤 한 번 돌아보지 않고 가버린 엄마를 내내 원망했다. 돌아서는 건 낯설고 차갑고 무시로 사람을 서럽게 한다.

애써 담담한 척 돌아섰을 엄마의 마음이 이제야 가슴 아프게 와닿는다. 살면서 두고두고 섭섭했던 그날의 기억이 바싹 마른 꽃잎이 되어 나풀나풀 떨어져 내린다. 낯선 곳에 딸을 두고 돌아섰던 엄마의 오목 가슴이 사십 년이 흐른 지금, 내가 엄마를 낯선 곳에 두고 돌아 나오면서 오래 아파야 할 빚으로 남았다.

아기가 되어버린 엄마를 챙기며 살아온 지 어언 십여 년. 올여름 남편이 병원에 입원해 있는 사이에 엄마가 다쳤다는 소식을 들었다. 얼마간의 병원 생활을 끝내고 집이 아닌 요양원으로 모신다는 전갈이 왔다. 코로나19로 인해 면회도 안 된다는데 이대로 엄마를 보내면 다시는 못 볼 것 같았다. 거동이 불편한 남편을 병원에 혼자 두고 엄마를 보러 갔다. 차마 눈도 마주치지 못하고 이곳이 엄마가 그렇게도 싫어하던 먹고 자고 하는 곳이라고 말하지 못한 채 엉거주춤 안으로 들여다 보냈다. 울컥 올라오는 눈물은 입술을 질끈 깨물고 꿀떡 삼켰다. 휠체어에 앉아서 승강기를 타고 올라가시던 뒷모습이 머릿속에서 지워지지 않는다. 굳게 닫힌 문을 오래도록 바라보아도 되돌릴 수 없다. 그 엄마를 두고서 나도 돌아섰다. 돌아오는 발걸음이 천근만근이었다.

엄마와 함께했던 일들이 주마등처럼 스쳐 간다. 딸로서 해야 할 도리를 저버리지는 않았는지 부족했던 나 자신을 돌아본다. 엄마와 둘이 자던 잠자리에 혼자 누웠다. 집이 참 조용하고 편안해서 좋다고 하신 말씀이 귓가에 울린다. 이 밤 거기에서 잘 주무시고 계실까. 사십 년 동안 혼자 가슴에 쟁여 두었던 섭섭함을 이제 풀어 놓는다.

돌아서는 등에는 말로 표현하지 못 할 오만 가지 감정이 담겨 있음을 진작 알았더라면. 발걸음 돌린다고 해서 마음마저 돌아서는 것은 아닐진대 그 감정을 외면하고 더러는 오해도 했으리라. 오래 아팠던 내 감성들이 어쩌면 젊은 날 무심했던 마음 탓은 아니었을까. 살아오면서 외면하고 못 본척했던 내 돌아섰던 마음을 들여다본다.

나는 돌아서는 것에는 미련을 두지 않았다. 내 것이 아니다 싶으면 사람이든 물건이든 미련 없이 잘라 버렸다. 마음을 끊었다. 나도 사람인지라 가끔 지나간 시간을 반추해 보며 잠시 회억의 시간을 가질지라도 마음을 돌린 그 순간만큼은 매정하게 돌아섰다. 주고받던 마음이 벅차 감당할 수 없었던 그 사람도, 진심을 숨기는 친구도 다시는 보지 않았다. 내 선택을 믿었고 후회도 하지 않았다.

한데 삶의 나이테가 하나둘씩 늘어갈수록 자꾸 뒤돌아보게 된다. 지나간 시간이 아깝고, 떠나보낸 사람이 그리워 빈 둥지 마냥 허허로운 마음이다. 어느 시인이 노래했다. 지나간 바람은 춥지 않다고. 멈추어 돌아본다. 차갑거나 서러웠던 기억 하나하나가 따뜻한 추억으로 다가온다.

엄마한테 가는 날이다. 딱히 정해진 것은 아니지만 일주일에 한 번은 엄마를 보러 간다. 엄마는 유리창 너머 보이는 딸 얼굴도 못 알아보지만, 허락된 짧은 시간 안에 나는 엄마의 지난 시간을 열심히 끄집어낸다. 엄마가 가끔 들려주셨던 어릴 적 이야기를 마치 나와 같이 있었던 일인 양 꾸며대며 기억을 들추어낸다. 희미하게 미소 짓는 엄마의 눈웃음이 이매 탈 같다.

알렉산드로 푸시킨은 말했다. 지나가 버린 모든 것은 마침내 그리움으로 변한다고. 한 번쯤 뒤돌아봐도 괜찮겠다. 무심히 지나쳐온 것들을 다시 보기 위해 뒷걸음질 한 번 한들 어떠리. 다시 못 올 내 청춘에게 잘 가라는 인사도 건네고 열심히 잘 살았노라 위로도 해주리라. 혹 건방졌던 내 오만을 뒤돌아보고 반성도 해야겠다. 살면서 어쩌다 한 번씩 뒤돌아봤을 때 거기에 내 아름다운 추억이 있으면 좋겠다.

빨간 잠바

 스무 살 늦가을에 단체 미팅을 했다. 내 파트너는 빨간 잠바를 입은 사람이었다. 까무잡잡한데 밉게 생기지는 않았다. 잘 웃었다. 둘이 서서 걷는데 키 차이가 별로 안 났다. 나는, 다음부터는 굽 낮은 구두를 신어야겠다고 생각했다.
 가을 축제로 도시가 한창 들떠있을 무렵, 우리는 다 같이 김천 직지사에 놀러 가기로 했다. 내 친구가 약속 장소인 기차역에 시간 맞춰오지 못했다. 이미 표를 구입해놓은 상황이라 남자 두 명만 남아서 기다리고, 일단 우리는 먼저 출발하기로 했다. 내 파트너가 나와 같이 가지 못해서 내 마음에 구멍이 뚫렸다. 우리는 김천역에서 기다리다 다시 대구로 왔고, 그 팀은 우리를 만나러 버스를 타고 대구에서 김천으로 갔다. 그렇게 길이 엇갈리면서 하루 해가 넘어가 버렸다. 그 시절에도 휴대전화가 있었더라면…. 지각한 내 친구가 얼마나 밉던지. 기집애. 평소에도 그렇게 궁둥이가 무겁더니.

늦은 저녁, 서로 찾아 헤매다 용케 다시 만난 곳이 내 파트너의 하숙방이었다. 낡은 대문을 열고 오른쪽으로 방향을 틀면 긴 통로 끝 구석에 그의 방이 있었다. 이부자리와 앉은뱅이책상이 전부였다. 책상 위에 골목으로 난 들창이 하나 있었다. 성냥갑만한 방에 남자 넷, 여자 넷이 쪼그리고 앉아 시답잖은 이야기로 시간을 메꿨다. 내 파트너가 이불 밑에서 내 발을 툭 찼다. 볼이 달아올랐다. 쌀쌀한 날씨에 종일 밖에 있다가 따뜻한 방에 오래 있어서 그런 거라고 생각했다.

그 하숙집은 우리 학교 담벼락 끝에 있었다. 그의 학교는 우리 학교에서 버스 한 정류장의 거리에 있다. 나는 학교에 갈 때마다 부러 돌아서 그 구석방 앞을 지나쳐서 갔다. 어쩌다 만나게 되면 우연히 만나 깜짝 놀라는 척하는 표정까지 연습해 두었다. 한 번도 마주친 적이 없었다. 하루는 내 친구가 그 하숙방에 가보자고 했다. 싫다 소리 안 하고 따라갔다. 하숙방은 잠겨 있었다. 내가 가면 환한 웃음으로 반겨줄 거라고 상상했었는데. 곧 겨울방학이 되었고 그는 고향으로 내려갔다. 신학기 전에 학교에 등록하러 올 때 연락하겠다고 했다.

방학 끝 무렵, 시장에 불이 났다. 문구점에서 시작한 불이 우리 가게로 옮겨붙었다. 지업사를 했던 우리 집은 손해가 엄청났다.

타다 만 벽지 중에 성한 부분만 골라내서 헐값에 팔기로 했다. 그 일을 내가 맡았다. 아버지는 벽지 손질이 끝나기 전까지는 외출하지 말라고 엄명을 내리셨다.

하마나 기다렸던 그의 전화가 왔다. 여보세요. 수화기 너머 목소리가 그 사람이라는 것을 단박에 알아챘다. 아버지 말씀을 어기고 밖에 나갈 수가 없다. 전화기를 할머니에게 넘겼다. 할머니는 현숙이 지금 집에 없다고 크게 말했다. 나는 할머니 옆에서 마당에 수북이 쌓여 있는 벽지 더미를 쳐다보며 전화기 너머 그의 목소리를 들었다.

2학년이 되어서 그는 하숙집을 옮겼다. 시내에 있던 학교가 경산으로 이사했기 때문이다. 골목 구석에 있는 그 하숙방을 지나칠 때면 그가 없는 줄 알면서도 들창에 오래 눈길이 머물렀다.

앉으나 서나 자꾸 그 사람이 생각나는데, 마음과는 달리 그가 전화할 때마다 부담스러웠다. 핑계를 대고 약속을 잡지 않았다. 만나도 되는지 확신이 서지 않았다. 남자는 나보다 나이가 많고 키가 크고 무엇보다 아버지가 허락한 사람이어야 한다고 생각했다. 독불장군 아버지한테 말씀드릴 자신이 없었다. 우리 식구 다 빨간 잠바를 아는데, 아버지만 모르셨다.

속내를 숨기고 친구들한테 도움을 청했다. 그 남자와 만나기로 한 다방에 친구들만 나가서 앞으로 내게 전화하지 말라고 전했다. 친구들은 임무 수행 후 의기양양하게 돌아왔다. 휘청하는 눈빛을 보니 안됐더라고 했다. 나는 그 말을 듣고 그냥 웃었다. 몇 달 후, 나는 그 친구들 앞에서 꺼억꺼억 울었다.

빨간 잠바를 입었던 그 남자가 생각날 때면 오래 묵은 앨범을 뒤진다. 여자들끼리 찍은 사진은 몇 장 있지만, 남자들 사진은 없다. 시집갈 때 못 갖고 갈 사진은 찍지 말자고 우리끼리 우스갯소리를 했던 것 같다. 한 장. 나무를 배경으로 소복이 쌓인 낙엽 위에 여자 넷이 앉아서 웃고 있다. 내 옆에 그의 빨간 잠바가 놓여있다. 아무도 모른다. 나만 안다. 그 옆에 뭐가 놓여 있다는 것을. 그게 잠바라는 것을. 그 남자의 옷이라는 것을.

세월이 많이 흘렀다. 우연으로라도 마주치지 않는 걸 보면 그와는 인연이 아니었던 가보다.

돌할매의 미소

 산지사방 가을빛이다. 좁고 긴 골짜기를 지나니 누런 들판이 낮은 산을 등에 업고 낮잠을 자는 듯 평온한 동네가 눈에 잡힌다. 심란했던 마음이 가라앉는다.
 간절함을 안고 돌할매를 찾아 나선 길이다. 영천시 북안면 관리에 있는 돌할매 공원. 낯선 시골길에 안내판이 반갑다. 돌할매에게 경건한 마음으로 지극정성 기도를 드리면 한 가지 소원은 꼭 이루어진다고 적혀있다. 수백 년 전부터 주민들이 당산 신으로 모시면서 마을의 대소사나 가정의 길흉화복을 빌고 각자의 소원을 다져보는 신비의 돌 할머니이다.
 사람들의 발걸음을 따라가니 길게 줄을 서 있는 모습이 보인다. 모두 경건한 의식을 치르는 듯 진지한 표정이다. 하여, 햇살마저 골짜기 사이로 안개처럼 내려앉았고 나무들은 졸고 있는 듯 적막하다. 줄이 쉽게 줄어들지 않는다. 너, 나 없이 팍팍한 세상살이에 마음 기댈 곳을 찾아 여기까지 왔는가 싶다. 긴 줄 끝에 서 있는 나 또한 마음이 버겁다.

내 차례가 되었다. 둥글둥글한 돌을 마주했다. 타조알만 하다. 처음부터 이렇게 둥글지는 않았을 터. 억겁의 시간을 견디며 닳고 닳았을 세월의 결이 느껴진다. 조심스레 돌을 들었다. 두 팔이 잠시 허공에서 헛돈다. 생각보다 가볍다. 다시 돌을 제 자리에 놓고 어미의 간절한 마음을 내비쳤다. 시험 발표가 있던 날, 떨어져서 너무 속상한데 그 와중에도 배가 고프더라며 내 앞에서 큰 덩치를 웅크리고 흐느끼던 아들의 모습이 어린다. 가슴 속에 찌르르 전기가 흐른다. 속절없이 눈꺼풀이 젖어 드는데 친정집 연못에 있던 돌이 나를 불러 살포시 안아준다.

내가 고등학교를 졸업할 무렵, 아버지는 새로 집을 지었다. 여덟 식구가 부대끼며 살기에는 작은 집이 한계에 다다랐기 때문이다. 마당이 그리 크지는 않았지만, 한쪽에 작은 연못도 있었다. 물이 가득 찬 그곳에는 부레옥잠과 개구리밥이 떠 있고 크고 작은 금붕어들이 유유히 노닐었다.

믿기 어렵지만 아버지가 태어났을 때 할머니는 귀하게 얻은 아들의 무병장수를 바라는 마음으로 고향 동네의 냇가에 있는 돌에 아버지를 팔았다. 새집의 연못에 그 돌을 갖다 놓았다. 섣달그믐 날이면 어머니는 연못에 있는 돌 옆에 밤새 촛불을 켜놓으셨다.

어머니의 지극한 정성으로 그 연못에 있는 돌이 보살펴주셨음인가. 우리는 바람이 불어도 비가 와도 눈보라가 휘몰아쳐도 흔들리지 않고 엇나감 없이 곱게 자랐다.

오 남매 모두 짝을 만나 각자 가정을 이루었다. 부모님은 그 집에서 연못에 금붕어를 키우고 화초를 가꾸면서 노후를 보내셨다. 얼마 지나지 않아 친정집 바로 앞 동네에 대단지 아파트가 들어서게 되었다. 공사가 시작되자 그 여파로 연못에 금이 가기 시작했다. 아무리 물을 넣어도 채워지지 않고 새버렸다. 그렇게 연못이 제구실을 못 할 즈음 아버지가 자리에 누우셨다. 이 년간의 투병 후 아버지는 천년집으로 이사 가시고, 집을 처분하면서 그 돌도 없어졌다. 집을 팔 즈음에 어머니가 정신을 놓으셔서 자신의 손으로 집 정리를 못 하셨다. 내가 조금이라도 신경 써서 그 돌을 챙겼으면 좋았을 걸.

젊었을 때는 살다가 속상한 일이 있을 때 어머니한테 이야기하면 마법을 건 것처럼 다 풀렸다. 어떨 땐 복받치는 서러움에 소리소리 질렀고, 어머니는 그렇게 해서라도 내 마음이 풀린다면 다 들어 줄 수 있다고 하셨다. 내게는 어머니가 그 연못의 돌이었다.

기도를 하고 다시 두 손으로 돌을 들었을 때 처음보다 무겁게 느껴지거나, 위로 들리지 않으면 소원이 이루어진다고 한다. 뒤에서 차례를 기다리는 사람들의 시선을 느끼며 돌을 들었다. 묵직하다. 아까 분명히 가볍게 들렸던 돌이 신기하게도 밑에서 잡아당기는 것처럼 꼼짝 않는다. 소원이 이루어지려나. 아들이 시험에 합격이라도 한 듯 환희심을 느끼는 순간, 긴장이 풀리며 다리가 후들거린다. 다시 합장하고 감사의 기도를 드린다.

　나는 돌 하나에 온 마음을 바쳤던 우리 어머니만큼 순수함을 지니지 못했다. 그렇지만 이제 내 아이를 위해 연못에 있는 돌이 되고 싶다. 제 팔자 제가 갖고 태어난다지만, 사회에 첫발 내딛기가 어려운 아이를 바라보면 가슴에 바람이 분다. 몇 번의 헛발질로 눈물을 흘렸다. 나는 안다. 다시 우뚝 일어서리라는 것을. 아이를 위해 무엇을 해 줄 수 있나. 어머니께서 우리를 위해 염원하셨던 것처럼 나 또한 돌을 품고 기도한다. 세상을 향해 다시 용기를 내 볼 수 있도록.

　홀가분한 마음으로 밖으로 나왔다. 곱게 빗은 머리에 비녀를 꽂고 단정하게 앉아 있는 돌할매 상像을 바라본다. 내 어릴 적 우리 할머니처럼 살포시 미소 짓는 모습을 보니 그 품에 꼭 안기고 싶다. 내 새끼 울지 마라. 다들 그렇게 살아간다. 삶에 아픔 없기를 바라지 마라. 바라는 대로, 마음먹은 대로 쉽게 살아지지 않는단다. 돌할매의 말씀이 바람결에 실려 와 가슴을 채운다. 더디 데워지고 또 천천히 식는 돌에게서 배운다. 욕심 부리지 말고 재촉하지 말아야겠다. 시간에 길을 맡기고 또 한 번 마음 추스른다. 다시 희망을 가지는 것, 그것은 내 삶에 대한 예의다.

비 오는 날

　비구름도 피해 간다는 메마른 지방인데 종일 무심하게 비가 내린다. 오랜만에 비 오는 날의 풍경이 주는 호젓함에 젖는다. 도시 외곽에 살다 보니 집 근처에 내川가 있고 주변 풍광 또한 그런대로 운치가 있다. 나는 빈 시간이 주어지면 무시로 그곳을 찾는다. 오늘 같은 날은 차려입지 않아도 눈치 주는 이가 없다. 비가 주는 편안함이다. 입던 옷 그대로 우산 하나 받쳐 들고 그곳으로 간다.
　비에게서 후끈 단내가 난다. 입 벌려 받아먹으면 단맛이 날 것 같다. 둑 아래 내川에도 제법 물이 차올라 나무 밑동이 물에 잠겼다. 긴 목마름 끝에 찾아온 단비의 성찬에 들판의 표정도 한결 부드러워졌다. 등 뒤로 느껴지는 축축한 감촉에 우산을 한껏 뒤로 젖힌다. 바람이 변덕을 부려 방향을 바꾸었나 보다.
　비는 바람을 탄다. 바람이 비의 성격을 좌우하기 때문이다. 수

직으로 내리는 비는 순한 바람을 만난 덕분이다. 촉촉이 땅을 적시며 내리는 빗소리를 들으면 생각이 맑아진다. 가슴이 얇아지고 복잡한 마음은 씻겨 내려가는 듯하다. 이런 날엔 나는 부러 창문을 열어두기도 한다. 하지만 성질 못 땐 바람을 만나면 비는 사선을 그으며 내리친다. 바람비다. 바람에 떠밀리어 온 구름이 쏟아내는 눈물인지 비를 따라온 바람이 토해내는 한숨인지 구별할 수 없지만, 살면서 잊히지 않는 한 조각의 추억은 때때로 바람비와 함께 찾아온다.

아주 오래전에 동해안에 있는 학교에서 근무했다. 바닷가 마을에서는 바람이 자주 화를 낸다. 때문에 비도 덩달아 심술을 부린다. 아이들은 우산도 없이 학교에 왔다. 아버지의 두툼한 겨울옷을 입고 눈만 빠끔히 내놓은 채 교실로 들어서는 아이의 옷자락에서 빗물이 뚝뚝 떨어졌다. 그나마 사선으로 내리치는 빗줄기를 대적할 수 있는 최상의 방법이다. 나는 그것도 모르고 플레어 치마에 굽 높은 구두를 신고 노란 우산으로 멋을 부리며 출근하다가 낭패를 봤다. 동네 길 한복판에서 치마가 훌러덩 올라가고 우산은 까뒤집혀져서 오도 가도 못하고 서 있었다. 동네 아저씨들은 킥킥 웃으면서도 도시에서 온 처녀 선생에게서 눈길을 피해 주었다. 큰길을 벗어나 낯선 골목길을 찾아 헤맸던 기억이 나서 혼자 픽 웃곤 한다. 비바람을 온몸으로 맞받으며 등교하던 그때 그 아이들도 이제 중년의 고개를 넘어가고 있겠다. 어디에서 어떻게들 살고 있을까. 때로는 이슬비에 흠뻑 젖기도 하고, 가끔은 바람비에 고개 숙이기도 했으리라.

이 비는 어디서 와서 어디로 가는 것일까. 빗물이 고여 작은 웅덩이가 되었다. 그 속에서 동글동글 맴돌던 물방울들이 다시 돌아갈 채비를 한다. 이 비 그치면 빗물들은 지상의 여행을 마치고 승천할 것이다. 태양의 호위를 받으며 돌고 돌아, 뭉쳤다가 흩어지고 그리고는 다시 지상으로 회귀하리라. 제행무상諸行無常. 한 모양으로 머물지 않고 늘 돌고 변한다는 말씀 앞에 고개 숙인다. 자연에서 인생무상을 배운다.

창문을 열어놓고 빗소리를 듣는다. 맑고 투명하게 자신을 있는 대로 드러낸다. 화려하지도 않고 시끄럽지도 않고 묵직하면서도 가냘픈 그 소리가 가슴에 닿는다. 내가 살고 있는 집은 일층이라 빗소리가 잘 들린다. 조용히 창밖의 빗소리에 귀 기울이면 보일러 연통에 부딪치는 소리, 옥잠화 넓은 잎에 내리는 소리, 땅바닥에 떨어지는 소리가 어울려 하모니를 이룬다. 비가 내는 소리가 아니라 비를 맞은 사물들이 내는 소리다. 그것들은 비를 맞으며 제각각의 성격에 따라 소리로 자신을 드러낸다.

나에게 비가 내리면 어떤 소리가 날까. 이슬비가 내리는 날에는 그리 높지도 낮지도 않은 음에 리듬을 실으며 콧노래를 흥얼거렸다. 손바닥에 내리는 빗살을 헤아리며 장난을 즐겼다. 어린 시절에는 누구나 그랬으리라. 하나 세상은 그렇게 다정하지만은 않았다. 채 준비도 못했는데 더러 억수같이 쏟아지는 장대비를 맞을 때도 있었다. 빗물에 푹푹 팬 땅을 피해 걸을 때 터져 버린 울음은 빗속에 묻혀버렸다. 머릿속은 복잡하고 오만 생각이 들지만 신음조차 낼 수 없었다. 다 지나가리라. 이 비 그치면 다시 해가 뜨리라. 중얼거리며 다시 희망을 걸었다. 돌아보면, 그때 비를 맞으며 옷깃을 여미었던 다짐들로 내가 더 야물어진 듯하다. 지금은 소나기도 노박비도 무섭지 않다.

   비가 온다. 종일 무심히 내린다.

신문을 펼치다

새벽 5시면 어김없이 알람이 울린다. 벌떡 일어나 가장 먼저 하는 일이 현관문을 열고 나가 신문을 갖고 들어오는 거다. 남편 아침 식사를 간단하게 챙겨주고, 구운 식빵과 커피믹스 한 잔 들고 내 방으로 직행한다. 지금부터 온전히 내 시간이다. 신문을 펼치는 것으로 하루를 시작한다. 신문 읽기에 푹 빠진다. 오래전의 내 아버지처럼.

내 기억 속의 아버지는 신문과 함께한다. 아버지 옆에는 늘 신문이 친구처럼 놓여 있었다. 일과를 마치고 집으로 돌아오는 아버지 손에는 항상 신문이 들려 있었다. 그때부터 신문은 내 차지다. 사회면을 재미있게 읽었던 것 같다. 아버지는 가게를 동생에게 물려주고 집에 계실 때도 손에서 신문을 놓지 않으셨다. 아버지에 대한 내 친밀감의 표현이듯 나는 아버지 옆에서 신문을 들척였다. 신문을 통해서 세상을 읽었다.

"니는 우째 그리 너거 아버지를 꼭 빼닮았노. 허리 길고 팔다리 짧지, 소가지 더럽지."

엄마는 내가 하는 짓이 성에 차지 않을 때나 아버지 때문에 속상한 일이 있으면 가끔 아버지와 나를 한 통속으로 엮어 흉을 봤다. 아버지를 꼭 빼닮은 나한테 야릇하게 털어내고 속 시원해했다. 빼도 박도 못하는 사실이라 반박도 못 했다. 내가 노래를 부르면 옆에서 가만 듣고 있던 엄마는 그 옛날 아버지와 결혼할 때 이야기를 들추어내곤 했다. 잔칫날 새신랑이 노래를 부르는데, 첫 음을 너무 높게 잡아서 처가 식구들 앞에서 창피 당했다는 거다. '물-새-우~~는-' 엄마는 목을 한껏 치켜올리며 아버지가 노래 부르는 모습을 흉내냈다. 나는 아버지를 닮아서 오 남매 중 유일하게 음치다. 짧은 손가락도 닮았고 통통한 발도 닮았고 남에게 폐 끼치기 싫은 강박적인 성격도 닮았다. 신문을 즐겨 보는 것도 닮았다.

나는 온종일 텔레비전을 켜 놓고 사는 남편을 이해하지 못한다. 심지어 그는 잘 때도 켜 놓는다. 나는 보고 싶은 프로그램을 찾아서 시간 맞춰 보고, 다 보면 바로 끈다. 내가 지극히 이성적이고 합리적인 사람이라고 생각했다. 한데, 오늘 갑자기 아버지 생각이 났다. 아, 아버지가 그러셨지. 아버지는 프로그램이 끝나는 것과 동시에 리모컨을 꾹 눌러 꺼버리셨다. 옆에서 입 쩍 벌리고 정신

없이 텔레비전을 보고 있다가 갑자기 까매진 화면을 보면 얼마나 당황스러운지. 어쩌면 그런 사소한 것까지 닮았을까.

아버지는 정말 무서운 분이셨다. 어릴 때, 아버지가 한 손은 바지 주머니에 넣고, 한 손에는 신문을 들고 멀리서 걸어오는 모습을 보면 오금이 저렸다. 나를 보고 다정히 웃어 주신 적도 없고 따뜻하게 말을 건네주지도 않으셨다. 하지만 내가 어른이 되고 세상을 배우고서야 아버지가 우리에게 얼마나 큰 울타리였는지 알게 되었다. 세상살이에 까막눈이라 삶의 풍랑에서 휘청거릴 때 뒤에서 말없이 울타리가 되어 주셨던 분이다. 바람이 불어도 내가 쓰러지지 않은 것은 아버지 덕분이다.

세월을 이기지 못하고 아버지는 뒷방 노인이 되었다. 가족을 위해 평생을 가게에서 지낸 아버지는 취미도 없고 친구도 없었다. 할 일이 없어진 아버지는 텔레비전을 보고 신문을 읽으며 시간을 보냈다. 해거름이면 혼자 술을 드셨다. 가까이 다가갈 수 없을 만큼 무섭던 아버지가 마음에 걸렸다. 가끔 찾아가서 부러 어리광도 부리고 말벗도 해드렸지만, 자리가 그리 편하지는 않았다. 누구의 생이든 위로가 필요한 법이거늘. 홀로 외로웠을 아버지의 시간이 아프게 지나갔다.

아버지 기일이 다가온다. 레테의 강을 건너가신 지 올해로 십수 년이 지났다. 몇 년 전 남동생이 제사를 명절과 합치겠다는데 반대하지 않았다. 시대 변화에 따라야 한다는 것을 알기에. 남편의 거동이 불편해서 산소에 다녀온 지도 까마득하다. 길치인 나는 남편이 데려다주지 않으면 산소도 찾아갈 줄 모른다. 언제나 가 볼 수 있을지 기약도 없다. 내 마음속에만 있는 아버지. 손 한번 만져보고 싶다. 내 짧고 두툼한 손으로 아버지의 짧고 두툼한 손을 쓰담쓰담 쓰다듬어 봤으면 좋겠다.

신문을 펼친다. 또 이렇게 하루가 내게로 왔다. 오늘은 단정한 시 한 편이 배달되었다. 꼭꼭 씹어 읽는다. 봄날의 감성을 느끼게 해준다. 이제야 비로소 왜 아버지가 항상 신문을 집에 갖고 오셨는지 알 것도 같다. 쪼르르 나가 아버지로부터 건네받았던 신문. 세상에서 가장 귀한 것을 내게 주셨다. 신문을 마주하고 있으면 나와 꼭 닮은 든든한 내 편을 가진 듯 마음이 푼푼해진다. 아버지가 거기 계신다.

털다

 싱크대 문짝이 삐거덕거리고 욕실 타일도 깨졌다. 낡은 벽지는 빛을 잃은 지 오래다. 딴에는 열심히 걸레질하지만, 여간해서는 뽀대가 나지 않는다. 이 집의 유효 기한이 임박한 것 같다.
 때마침 동생 집이 비었다. 우리는 잠시 그곳으로 거처를 옮기고 집을 수리하기로 했다. 한달살이에 필요한 살림만 챙기고 나머지는 이삿짐센터에 보관하면 된다. 음식은 보관해 주지 않는다고 하니 냉장고를 최대한 비워야 한다. 냉장고에 들어있는 음식 재료들을 하나씩 꺼내 맘대로 요리를 해 먹는다. 요즘 젊은 사람들이 하는 말로 그야말로 냉털이다. 냉동실 빈자리가 점점 넓어지는 것을 보니 기분이 묘하다. 냉동실은 항상 꽉 채워져 있던 곳이다. 비울 수 있는 것이었구나, 비워지는구나. 고정된 생각의 채널을 돌린다.

이참에 살림살이를 줄이기로 했다. 없어도 생활에 불편함이 없는 것들, 몇 년 동안 거기에 그것이 있었는지조차 몰랐던 것들부터 하나씩 버렸다. 쓰레기봉투에 넣었다가 아까워서 도로 빼기도 했다. 그렇지만 결국에는 과감하게 버렸다. 며칠 걸렸다. 홀가분했다.

'이게 뭐라고. 그동안 신줏단지 모시듯 끌어안고 살았을까'

결혼할 때 남편에게서 받은 함函이다. 문고리 떨어진 함을 열자 케케묵은 곰팡내가 코를 찌른다. 목도 따갑다. 곱게 접은 한지에 '物目'이라는 글자가 씌어 있다. 마른 나뭇가지에 솜과 함께 청·홍실이 둘둘 감겨있다. 성혼선언문이 있고 결혼식 때 입었던 한복 두벌도 납작하게 접혀 있다. 살면서 사정이 여의찮아 좁은 집으로 이사하면서도 이 함만은 갖고 다녔다. 우리 가정을 지켜주는 부적인 듯 품에서 놓지 않았다. 이제 내게는 어떤 풍파가 닥쳐도 우리 가정을 지킬 힘이 있다. 통째로 버렸다.

돌덩이처럼 꼼짝하지 않던 남편도 마음을 바꾸었다. 하던 일이 마음대로 되지 않아 주저앉은 사람이다. 그로 인해 많이 아팠다. 억울하고 아쉬운 마음을 가슴에 꼭 박아두고 언젠가는 다시 일어서리라 별렀다. 정리되지 않은 서류들을 넣어 둔 가방이 구석에서 먼지를 뒤집어쓰고 있는지 오래다. 그동안 남편은 내게 손도 대지 못하게 했다. 이미 글렀다는 걸 본인도 알고 있는 터. 그가 가방을 열고 묵은 서류, 통장들을 꺼냈다. 한 장 한 장 찢었다. 후련해하는 그의 표정을 보니 나 또한 막혀있던 가슴이 뻥 뚫렸다. 다시 환한 햇살이 우리 집을 비출 것 같은 희망이 생겼다.

　마음도 좀 털어내야 할 것 같다. 강박증. 나이가 들면서 언제부터인가 스스로 인지하고 진단을 내린 내 병명이다. 마치 내일을 모르고 오늘을 사는 하루살이처럼 '열심히'를 외치며 하루하루 열정적으로 살았다. 일분일초의 시간을 재며 바쁘게 살아야 하는 워킹맘이었다. 무엇을 하든 허투루 하는 법 없이 완벽해야 하는 성격이 내 삶의 짐을 무겁게 했는지도 모른다. 약속은 무슨 일이 있어도 지켜야 하고, 글씨는 또박또박 정자로 써야 했다. 자투리 시간에도 그냥 빈둥거리지 않고 책이라도 한 줄 읽고 나면 뿌듯했다. 나름 삶을 보람 있게 사는 거라고 믿었다.

　마음속에 아무나 들이지 않았다. 좋은 사람은 한정 없이 좋아서 내가 가진 것 다 줘도 아깝지 않았고, 마음에 들지 않는 사람은 곱씹어가며 두고두고 미워했다. 빈자리 없이 채워진 마음을 붙들고 사느라 허덕거렸다. 뒤죽박죽 엉클어진 생각들로 머리와 가슴은 항상 출렁거렸다.

　나이가 든 탓인가. 가끔 매사가 시틋해지면서 이리 사는 게 맞나 싶을 때가 있다. 내가 없어도 식구들은 맛나게 잘 챙겨 먹었다. 몸이 아파 결근해도 아이들은 아무 탈 없이, 아니 더 즐거운 하루를 보내고 하교했다. 내가 세상사에 관심 두지 않아도 지구는 잘만 돌아갔다. 빼빼하게 채워진 삶의 일정에 스스로 만족하며, 힘들어도 힘들다 하지 않고 살아온 내 지난 날들이 이제야 돌아봐진다. 어디에 있는지, 무엇인지도 모르는 '그 목표'를 향해 팔꿈치로 세상을 확확 밀치면서 앞만 보고 달려왔음에 숨이 부대낀다. 이제 쉬어가고 싶다.

하나둘 세간이 사라진 공간이 휑하다. '아이고, 속이 다 시원하다.' 내 목소리가 허공을 맴돌다 웅웅거린다. 며칠 못 가서, 놔두면 언젠가는 쓰임새가 있을 텐데 괜히 버렸다고 후회할지도 모르겠다.

버린 것들과 남겨둔 것들을 순서 없이 떠올려본다. 남겨진 것도 언젠가는 버려질 것이고 빈자리는 다시 하나씩 채워질지도 모른다. 그래도 된다. 언젠가는 또 비우고 싶을 때가 올 터이다. 그렇게 비우고 채우면서 삶은 한 발짝씩 앞으로 나가는 것이리라. 누군가 그랬다. 버린다는 것은 소중한 것을 남기는 과정이라고. 남겨진 것들과 함께 다시 일상으로 돌아간다.

아름다운 감옥

    우리 집은 101호다. 바로 옆에 샛길이 있다. 흙길이지만 중간에 빨간 블록이 깔려있어 풍경이 그럴듯하다. 거기 쪽문만 나서면 편의시설들이 있어 사람들의 발길이 잦다. 나는 베란다 창을 통해 지나가는 사람들을 쳐다보거나 두런거리는 소리를 듣는다. 혼자 있어도 혼자 아닌 듯. 그리 적적하지 않다.

    샛길 양쪽으로 은행나무가 줄지어 서 있다. 오래된 아파트라 나무들도 나이가 들었다. 넉넉한 이파리로 연륜을 과시한다. 그 사이 사이에 이팝나무도 있다. 키가 커서 둥치만 보고는 이팝나무인지 퍼뜩 알아차리기 쉽지 않다. 고개를 올려야 보인다. 해서, 앞만 보고 걷는 사람들 눈에는 잘 띄지 않는다. 대신 우리 집에서는 잘 보인다. 해마다 봄이 되면 순백의 꽃이 흐드러지게 피어 넘실거린다. 창밖의 그 꽃들을 보노라면 내 마음도 어느새 푼푼해진다.

밖을 내다본다. 소나무가 병풍처럼 둘러서서 보초를 서 있고, 모과나무 꽃사과나무가 우리 집을 기웃대며 감시한다. 가끔 작은 새들이 찾아와 놀다 가기도 한다. 인기척에 포르르 날아가 버릴까 봐, 나는 숨도 참고 침만 꼴딱 삼키며 창밖의 그놈들을 쳐다본다. 다른 집과 달리 베란다 창 바깥쪽으로 툇마루만 한 공간이 있다. 크고 작은 화분들을 내놓고 꽃을 키운다. 몇 년 전에 휘묻이한 개나리의 기세가 등등하다. 봄의 전령사답게 먼저 눈을 뜨고 다른 꽃들을 깨운다. 라일락이 향기로 인사하고 수국도 자리가 비좁다고 앙탈하며 고개를 쳐든다. 옥잠화 넓은 잎을 보니 올여름에도 제법 향기가 좋을 것 같다. 국화는 아직 차례가 멀었는데 벌써 한 뼘 키를 키웠다. 얼마 전, 한쪽 구석에 나팔꽃 씨 몇 알을 심었다. 싹이 올라와서 지주대를 세워주었다. 곧 방범창을 타고 기어오를 것이다.

비가 온다. 밤새, 소리 없이 내렸다. 요즘 메마른 날이 오래 계속되었다. 눈부시게 명랑한 햇살도 좋지만, 가끔은 비 오는 날의 운치를 느끼고 싶을 때가 있다. 어제저녁 창밖의 나무가 휘청거릴 정도로 바람이 심하게 불더니 이 비가 오려고 그랬나 보다. 사실은 비가 올지도 모른다는 예감에 은근히 기대했었다. 창을 열고 팔을 쭉 뻗어 내밀어보면 느낌으로도 일기日氣를 맞히고, 계절을 읽고 세상을 볼 수 있다.

나는 오늘처럼 이렇게 비가 오면 부러 베란다 창을 연다. 이마가 시리면 이불을 당겨 덮고 오도카니 앉아 귀를 쫑긋 세운다. 촉, 촉, 촉, 촉, 비가 땅에 떨어지는 소리. 후드득, 잎사귀에 맺힌 빗방울이 날리는 소리. 차락차락, 빗줄기가 바람에 부딪히는 소리. 가만히 듣고 있으면 마음이 편안해진다. 그날, 달구비가 쏟아져 내리던 날엔 빗속에 갇힌 듯, 무주공산에 혼자 있는 듯 아득했었다. 공손하게, 내 못생긴 마음을 다독이고 단정한 생각들을 한 줌 한 줌 모아 가슴에 담았다.

하이고, 하얀 장미가 봉긋이 꽃잎을 열었다. 방범창에 가려져 거기 장미가 눈인사하는 걸 미처 보지 못했다. 수줍은 듯 하얀 속살을 드러내고 웃는 모습이 초야의 새색시 같다. 바로 앞에서 눈을 맞추니 밖에서 보는 것보다 훨씬 고와 보인다. 오늘같이 꾸무리한 날엔 꽃잎의 색이 더 진하게 느껴져 매혹적이다. 빨간 장미 주황 장미도 조막손만 한 봉오리를 품고 있다. 곧, 품속으로 파고드는 바람의 손길을 이기지 못하고 벙긋 꽃잎을 열어젖힐 게다. 색색의 꽃등이 켜지면 창문을 열어둔 채 잠들어도 괜찮겠다. 밤새 나를 지켜주는 파수꾼이 되어 주리라.

지나가는 사람들은 구석진 곳 1층 우리 집을 보면 답답하게 여길지도 모른다. 사실 깨금발로 해를 쫓아가며 키를 키우는 초록들의 성장이 안쓰러울 때도 있다. 하나, 시선을 달리해서 안에서 밖을 내다보면 무한정으로 펼쳐진 세상이 보인다. 사시절 다르게 찾아오는 꽃, 그들만의 색깔과 모양으로 달려 있는 이파리들, 비껴

가는 햇살 그리고 바람의 흔적을 바라보며 나만의 감성에 젖어 든다. 아름다운 감옥에 갇혀 산다.

　방범창 사이로 조각난 풍경들이 바람 따라 흔들린다. 삭막한 아파트 생활에서 이렇게나마 자연의 웅성거림을 들을 수 있어 나는 참 좋다. 101호에 사는 덕분이다.

여선생과 동네 총각

여기는 동해안 바닷가 작은 마을. 동네를 벗어난 외진 곳에 아담하게 자리 잡은 국민학교가 있다.

추석 다음 날은 국민학교에서 운동회가 열린다. 아이들이 동네 주민들, 명절에 고향을 찾아온 분들과 함께 즐기는 마을 축제다. 학교의 큰 행사이니만큼 만반의 준비를 해야 한다. 교사들은 새벽에 출근해서 천막을 치고 개선문을 세우고 만국기를 달고 운동장 트랙에 석회 가루로 선을 긋는 등 각자 맡은 일을 하느라 분주하다. 준비가 끝나면 관사에서 교장 선생님 사모님이 끓여주신 국밥 한 그릇씩 먹고, 각자 교실로 가서 아이들을 인솔해 운동장으로 나간다.

올해 이 학교로 발령받은 신임 여선생은 처음으로 치르는 운동회에 마음이 들떴다. 추석에 일직이 걸려 집에 다녀오지 못했다.

대신 부모님이 딸내미도 볼 겸 운동회 구경하러 오신다고 했다. 사실 이 학교는 지금은 교직을 떠나셨지만, 여선생의 아버지도 초임으로 발령받아 근무했던 곳이다. 인연이 있는 학교라 여선생의 아버지도 감회가 남다를 것이다. 그동안 땡볕에서 고생하며 운동회 연습을 했다. 여선생은 자기가 지도한 2, 3학년 단체 무용을 부모님께 꼭 보여드리고 싶었다. 아쉽게도 부모님께서 먼 곳에서 오시다 보니 오전 프로그램인 그 시간을 맞추지 못했다.

운동회 막바지쯤에 사제師弟 달리기 순서가 있다. 각 반의 반장끼리 청군이 되고, 각반의 담임이 백군이 되어 계주를 한다. 1학년 1반부터 시작하고 마지막 주자는 6학년 2반이다. 1학년 1반 반장과 담임이 출발선에 서면 체육주임이 신호탄을 쏜다. '탕' 총소리와 함께 선수들의 몸은 총알같이 튀어 나간다. 가장 어린 1학년 선수가 정년을 몇 년 앞둔 여선생님을 가로질러 앞서 달린다. 구경하던 사람들이 손뼉을 치며 환호한다. 2학년 2반 담임이었던 여선생은 네 번째 주자다. 입시 체력장 백 미터 달리기에서 만점을 받았으니 달리기만큼은 자신 있다. 2학년 1반 선생님한테서 배턴을 넘겨받았을 때, 발뒤축을 살짝 들어 올리고 가비얍게 내달렸다. 슬쩍 돌아보니 반장이 저 뒤에서 죽을상을 하고 달려온다. 승리의 미소를 머금고 여유 있게 달리는 순간, 트랙을 둘러싼 무리에서 한 남자가 튀어나왔다. 여선생을 껴안을 듯이 두 팔을 쫘악 벌리고 앞을 막았다. 여선생은 동네 총각이 희롱하는 거라고 생각했다. 화가 치밀어 올랐다. 배턴을 땅바닥에 내팽개쳤다. 우르르 모여드는 사람들 사이를 헤집고 씩씩거리며 뛰쳐나갔다.

   건들바람에 가을 냄새가 묻어난다. 아직 한낮의 햇볕은 뜨겁다. 그늘을 찾아 걸어가는데 초등학교가 보인다. 텅 빈 운동장에 눈길이 간다. 조용하다 못해 적막하다. 예전 같으면 지금쯤 가을 운동회 준비로 한창 떠들썩할 텐데. 시대의 흐름에 맞추어 이제는 가을 운동회가 없어졌다. 오월 어린이날을 즈음하여 강당에서 학년별로 간단하게 놀이하는 분위기로 바뀐 지 오래다. 교직 생활을 하면서 수많은 운동회를 치렀다. 그중에서 사십 년도 더 지난, 초임 시절 가을 운동회는 지우고 싶은 흑역사로 남아있다.
   그때 교장 선생님과 마을 어른들은 그 난감했던 상황을 어떻게 처리하셨을까. 더 이상의 불상사는 없었고 마지막 정리 체조까지 무사히 끝냈던 것 같다. 정장 차림의 나이 지긋하신 분이 내게 찾아와 점잖게 미안하다고 하셨다. 마을을 대표하는 분이신가 짐작했다. 교장 선생님께 불려 가서 혼난 기억도 없다. 혹시 그날 천막 아래 내빈석에 앉아계셨던 부모님 낯을 봐서 좋게 넘어간 건지도 모르겠다. 아무도 내게 그 일을 되짚어 말한 사람이 없었고, 나도 속상하다고 누구에게도 말하지 않았다.
   시간을 거슬러 그 시절로 다시 돌아가 생각해 본다. 내게 닥친 상황이 불쾌했다. 하지만 불쑥 달려드는 총각을 뿌리치고 나는 계속 달렸어야 했다. 저학년에서는 엎치락뒤치락하다가 고학년으로 갈수록 아이들이 선생님을 앞지를 것이다. 결국 6학년 학생이 먼저 결승 테이프를 끊고, 선생님은 뒤따라 들어오며 뻘건 얼굴로 숨을 헐떡거릴 테지. 마을 사람들과 아이들은 와— 환호를 지르며 폴짝폴짝 뛸 거고. 운동회는 이렇게 끝나야 한다. 내가 소가지 부리지 않았더라면 그날 운동회를 성공적으로 마칠 수 있었을 텐데.

그 총각은 왜 그런 행동을 했을까. 처음에는 나를 희롱하기 위해 그랬다고 생각했다. 아니다. 어쩌면 운동회 분위기를 달구기 위해 장난삼아 그랬을 수도 있다는 생각까지 들었다. 세상을 좀 더 객관적으로 바라볼 수 있는 나이가 되고서야 깨달았다. 2학년짜리 꼬맹이를 이겨보겠다고 죽을내기로 내달리는 내 꼴이 볼썽사나웠던 거구나.

기억은 시간에 의해 숙성된다고 했던가. 아무리 나쁜 기억이라도 한참을 지나 돌아보면 아련한 추억으로 남는 것이 시간의 마법인가 보다. 서로 일면식도 없던 여선생과 동네 총각의 에피소드가 가을 운동회의 한 장면으로 남아 있다. 지금은 웃을 수 있는 젊은 날의 기억이다.

공주 아줌마

　시市에서 주관하는 공영 텃밭을 분양받았다. 네 평 남짓한 땅에 갖가지 작물을 심어놓고 도시 농부 흉내 내는 재미에 푹 빠졌다. 매일 아침저녁으로 밭에 들락거렸다.
　봄볕이 절정이던 오월 초순, 텃밭에서 그녀를 처음 만났다. 우리 밭 옆에 뒤에, 그러니까 15번 밭 주인이다. 바깥양반은 고추 모종을 살피고 물을 주느라 동분서주하는데, 그의 아내는 별로 관심 없는 것 같았다. 손끝 하나 대지 않고 어슬렁거리기만 했다. 내 눈이 자꾸 15번 밭쪽으로 힐끗거렸다. 꽃무늬 모자에 연두색 장갑을 낀 그녀를 보니 얄밉기도 하고 부럽기도 했다. 남편 눈에도 그리 보였는가. 한 마디 툭 던진다. 저 아지매, 일은 안 하고 뒷짐만 지고 있네. 그러게. 우리는 그 여자를 '공주 아줌마'라고 이름 지었다.

배추 모종 심는 날, 공주 아줌마가 혼자 밭에 왔다. 석 달여 만의 만남이다. 영화 속 주인공같이 기울어가는 햇살을 등에 업고 기척도 없이 나타났다. 역시나 멋쟁이였다. 마스크가 독특하고 예쁘네요. 인사치레로 건넨 내 말에 그녀는 마스크를 벗었다. 상상만 했던 그녀의 얼굴이 드러났다. 가지런한 이로 말갛게 웃는 모습이 곱다. 그녀는 마스크를 반으로 접어 바지 주머니에 넣으며 좀 비싸기는 하지만 땀이 차지 않아 좋다고 한다. 했던 말을 하고 또 한다. 자랑이 좀 길구나 싶었다. 나는 내 마스크를 위로 한껏 치올렸다. 이런, 흙투성이다.

그녀는 자기 밭에서 대파를 뽑아 내 남편 옆에 앉아서 다듬는다. 붙임성이 좋은 사람이라고 여겼다. 두 사람은 이야기 삼매경에 빠졌다. 주로 여자가 말하고 남편은 듣기만 한다. 소일거리로 시작한 텃밭 농사다. 투병 중인 남편은 입으로 농사짓고 힘쓰는 일은 주로 내가 한다. 힘에 부칠 때가 많다. 저 남자를 어쩌랴. 허리가 아프도록 엎드려 모종 심는 아내는 안중에도 없고 공주 아줌마랑 사담을 나누고 있다니. 저래 눈치가 없다. 저 아지매도 그렇다. 마누라가 바로 코앞에 있는데 남의 남자랑 그렇게 다정하게 앉아서 이야기 나누고 싶냐. 누가 보면 저 두 사람이 부부인 줄 알겠다.

여자의 휴대전화 소리에 이야기는 끊겼다. 그녀의 남편이 찾는 전화다. 여자는 자리에서 일어나 손을 탁탁 털고 갈 채비를 한다.

곱게 다듬은 대파를 내게 주며 자기네는 필요 없으니, 앞으로 얼마든지 뽑아 먹으라고 했다.

"내가 속풀이 할 데가 없어 남의 아저씨한테 이런 말도 하네요. 종일 입 다물고 있다가 그래도 여기 와서 좀 지껄이고 나니 속이 후련합니다."

여자가 남기고 간 마지막 말이 넓은 들녘에 메아리 되어 돌아다닌다. 나는 점점 멀어져가는 공주 아줌마의 뒷모습에서 한참 동안 눈을 떼지 못했다.

귀동냥으로 들은 사연인즉, 남편 시집살이가 힘들다고 하소연하는 거였다. 부지런하고 무슨 일이든지 척척 잘하는 그녀의 남편은 하나부터 열까지 시시콜콜 따져가며 잔소리를 해댄단다. 그녀 마음대로 할 수 있는 것은 없다고. 하지 마라, 그러지 마라, 왜 그렇게 했느냐…. 같이 일을 할수록 무시당하는 만큼 그녀의 가슴은 맷돌 하나 얹은 듯 무겁기만 할 뿐이란다. 차라리 남편 혼자 알아서 하도록 가만 놔두는 게 서로를 위해 낫다고. 사람들은 속도 모르고 그녀에게 팔자가 좋다느니, 공주 같다느니 하면서 뒷말을 한단다.

뜨끔했다. 나도 남편을 많이 닦달하는 편이다. 손끝이 야무지지 못한 남편은 스쳐 지나가는 곳마다 저지레를 한다. 희한하게도 내 눈에 그 흔적들이 보인다. 나는 그런 남편이 못마땅해서 잡도리하지만, 내 잔소리가 먹힌 적이 없다. 대신, 내가 온 집안을 어질러 놔도 치우라고 잔소리하지 않는다. 그저 그것들을 피해 발뒤꿈치를 들고 다닌다.

다행이다. 남편은 본인도 공주 아줌마와 같은 처지임을 알아채지 못했다. 사사건건 지적질 하는 나 때문에 힘들었을까. 그랬을 것 같다. 내가 열 마디 말을 하면 남편은 "됐다."라고 짧은 말로 상황을 끝내 버린다. 입을 꾹 다물어 버리던 그의 심사를 이제 알겠다. 한 걸음 물러나 져주고 참아준 남편한테 미안하다. 한편으로는 그 공주 아줌마 남편의 심정도 이해가 된다. 나는 안다. 일머리도 없고 눈치도 없는 사람과 살면 절로 짜증난다는 걸.

"행복한 결혼 생활에서 중요한 것은 서로 얼마나 잘 맞는가보다 다른 점을 어떻게 극복해 나가는가이다." 톨스토이가 남긴 명언이다.

오늘도 해거름에 텃밭에 나왔다. 너른 들판에 배추와 무가 살이 올라 초록이 한창인데 15번 밭은 소멸 중이다. 작물 중 유일하게 생명을 부지하고 있는 가지는 오가리가 들었고 잡초만 눈치 없이 키를 키웠다. 이미 삭아 내린 대파 몇 개 뽑았다. 등 뒤에서 남편이 남의 걸 왜 손대느냐고 나무란다. 공주 아줌마가 맘대로 뽑아 먹으라고 한 걸 잊었나 보다.

그날 이후, 공주 아줌마를 보지 못했다.

3부

집에 가자

흔전만전 남아 있는 게 시간이라 창밖의 풍경을 오래 바라보는 여유도 생겼다. 갈그치는 것이 없으니 울렁거림도 잦아들었다. 이제야 집이 마음 편한 곳이 되었다.

― 집에 가자

재옥 씨의 꽃

　우리 집 프리지어는 계절을 잊었다. 몇 번의 봄을 보내고도 처음 만났을 때 얼굴 그대로 곱다. 좀 시들었다 싶으면 개수대로 데려가 세수시킨다.
　오래전에, 엄마와 큰 시장에 갔다. 엄마는 조화를 파는 가게에서 해바라기꽃을 사면서 내게도 골라보라고 하셨다. 필요 없다고 뻗대다가 마지못해 프리지어 두 송이만 손에 쥐었다. 엄마는 꽃이라면 다 좋아하는데, 나는 꽃도 가려가며 좋아한다. 가짜 꽃은 싫다. 섭섭해하던 엄마의 눈빛이 내내 마음에 걸렸다. 색 바랜 프리지어를 버리지 못하는 것은 엄마 재옥 씨의 그 눈빛 때문이다.
　엄마는 꽃을 무척 좋아하셨다. 친정집 마당에는 계절마다 꽃이 풍성했다. 봄에는 목련과 라일락이, 가을에는 국화가 주인공이다. 담벼락을 따라 옥잠화가 질서 없이 흐드러지게 피어 있다. 향기가 얼마나 좋은지 마당에만 나가면 코를 벌름거리게 된다. 목단은 키 작은 나무만 하다. 어떤 날, 우동 배달을 왔던 반점 여주인은 대문 안으로 들어서다 꽃삽을 한껏 부풀린 목단을 보고 '하이고야' 소리 질렀다. 그때 엄마 표정이 목단만큼이나 붉었다. 나는 고추나 상추 같은 채소를 키우면 더 나을 거라 생각하면서도, 소담스럽게 피어 있는 채송화가 싫지 않았고 샐비어 꿀을 빨아 먹었다.

집 안에도 꽃 천지였다. 거실 책장 책 사이사이에 작은 꽃 화분들이 놓여 있다. 그건 애교다. 안방에는 색색의 갖가지 조화가 벽에 걸려 있다. 화장대 위에도 항아리만 한 배불뚝이 꽃병에 가짜 꽃이 가득 꽂혀 있었다. 우윳빛 장미는 꽃잎에 이슬방울까지 달고 있어 처음엔 진짜 꽃인 줄 알았다. 넓은 창으로 깊숙이 들어온 햇빛은 이 꽃 저 꽃으로 옮겨 다니느라 분주하다. 무당집만큼이나 화려한 안방에 들어서면 눈이 어지러웠다.

결혼하고 아이 키우는 재미가 한창일 즈음, 집을 잃었다. 남편의 사업 실패로 살던 집이 다른 사람에게로 넘어갔다. 갈 곳이 없던 우리는 은행 돈을 빌려 낡고 작은 집을 얻었다. 빚에 또 빚을 얻었으니 언제 넘어질지 모르는 부석거리는 살림이었다. 엄마가 나를 따로 불러냈다. 내가 돈을 빌린 은행에서 만났다. 집을 얻으면서 빌린 돈을 갚을 수 있도록 도움을 주셨다. 돌아오는 길에 빨간 꽃이 소복이 심겨 있는 화분을 사주셨다. 세월이 지나고 가끔 그 시간을 돌아보며 생각한다. 그 꽃이 시클라멘이었던가. 엄마는 왜 꽃을 사주셨을까. 나는 엄마가 갚아준 돈보다 그 꽃 화분을 대수롭지 않게 여겨 잘 키우지 못했던 것이 마음에 걸린다. 이제 엄마는 꽃을 키우지 않는다. 엄마의 꽃들이 산산이 흩어졌다.

엄마가 기억을 놓았다. 자식도 잊어버리고 좋았던 시절도 잊어버리고, 더 이상 꽃을 찾지 않는다. 아들딸이 다섯인데 일상의 흐름을 놓쳐버린 엄마를 감당하지 못했다. 햇살이 가득하고 마당이 넓은 요양원을 찾았다. 한데, 엄마는 한 번도 바깥 공기를 맛보지 못하고 안에만 계신다. 봄이면 사방 너른 들판에 복사꽃 향기가 진동하는데 그것도 모르신다.

"엄마, 꽃이네!"

내가 요양원 마당에 무더기로 피어있는 소국을 가리켰을 때, 엄마 눈이 잠깐 반짝이는가 싶더니 무심히 눈길을 딴 데로 돌리셨다. 엄마가 꽃을 잊었다.

꽃 화분을 샀다. 아주 작은, 하얀 꽃이 심겨 있는, 진짜 같은 가짜 꽃. 요양 보호사는 개인 사물함에 놓을 데가 없다며 받아주지 않았다. 엄마는 옆에서 표정 없이 물끄러미 쳐다보기만 하셨다. 도로 들고 왔다.

엄마는 요양원에 들어가시기 전에 주말마다 우리 집에 오셨다. 내 방에 걸려있는 목단꽃 그림을 보고 잘 그렸다고, 재주도 좋다며 추켜세워 주셨다. 보고 또 보고. 엄마의 눈길은 자꾸만 그림으로 향했다. 예전에 살던 집 마당에 가 계신 듯했다. 마당 한쪽에 작은 연못이 있었다. 연못 둘레에 크고 작은 돌들이 가지런히 놓여있고, 그 돌 사이사이에는 영산홍과 회양목이 심겨 있었다. 연못에는 연보랏빛 부레옥잠 사이로 금붕어들이 가댁질하고 있다. 마당 가득 찾아온 햇살을 등에 지고 호스로 길게 물을 뿌리시던 엄마 모습이 눈에 선하다.

  지금은 나 혼자 꽃을 바라본다. 꽃을 그린다. 나팔꽃, 팬지, 장미, 도라지꽃, 능소화, 목련…. 엄마의 기억을 주워 담는다. 내가 엄마를 기억한다. 우리 엄마 재옥 씨는 이제 내 마음속 꽃이 되었다.

비어 있는 방

　내 방 전등이 끔벅거린다. 아무것도 할 수가 없다. 베개와 이불을 끌어안고 책 한 권 옆구리에 끼고 아들 방으로 갔다. 방문을 열고 전등을 켰다. 후닥닥 창밖으로 물러난 어둠이 턱을 괴고 빤히 들여다본다. 얼른 커튼을 당겼다. 침대, 낮은 탁자, 그 위에 작은 화분, 행거에 걸려 있는 옷가지 몇 장. 이 방의 풍경이다. 아, 잔망루피. 분홍색 인형도 있다. 인형을 꼭 껴안아 본다.
　아들이 이 방을 떠난 지 두 계절이 지나갔다. 아들은 오래된 책상, 옷장 등을 처분하고 제 소지품마저 싹 챙겨갔다. 방이 텅 비어버렸다. 사람의 온기가 없는 방에서는 바람 냄새가 난다. 비워둘 생각은 없었다. 실내 자전거를 이 방으로 옮겨놓고 매일 창밖의 풍경을 내다보며 운동이나 할까. 탁자와 의자를 갖다 놓고 차를 마시며 책 읽는 공간으로 꾸미면 어떨까. 바쁜 시간 쪼개 화실에 가느니 차라리 이 방을 그림 그리는 작업실로 하는 것도 괜찮겠다. 비어 있는 방 하나로 생각이 꼬리에 꼬리를 물었다.

 침대에 비스듬히 누워 막 휴대전화를 켜는데 인기척이 들린다. 놀라서 벌떡 일어났다. 이런, 남편이 화장실 가는 길에 기웃 들여다보고 있었다. 그랬었구나. 이 방이, 오가며 저절로 들여다봐지는 위치였구나. 나는 방문을 휙 닫았다. 아들이 그랬던 것처럼. 문 앞에 뻥 하니 서 있을 남편의 표정이 그려진다. 내가 그랬던 것처럼. 아들이 왜 그렇게 이 방문을 닫고 살았는지 이제 알겠다. 나는 아들이 방문을 꼭 닫고 사는 게 싫었다. 어쩌다 방문을 열면 훅 느껴지는 답답한 공기에 숨이 막혔다.

 아들은 학교를 졸업하고 사회로의 첫발을 내딛는 일이 마음같이 되지 않아 의기소침해 있었다. 지켜보면서 세상에는 노력해도 안 되는 것이 있다는 걸 알았다. 내가 세상 물정에 어두워 아들에게 아무 도움이 되어주지 못해 자책하기도 했다. 내색은 안 했지만, 조바심이 났다. 몇 번의 시험에 떨어지고는 방문을 닫아버렸다. 도대체 저 방 안에서 무슨 생각을 하고 있는 걸까. 더 나이 들기 전에 자리 잡아야 할 텐데. 꼭 닫힌 방문 앞에만 서면 가슴이 답답했다. 아들은 알아서 할 테니 간섭하지 말라고 했다. 아들과 나 사이에 방문이 가로막고 있었다.

 기약 없는 기다림에 지칠 즈음, 아들은 일자리를 마련하고 독립했다. 제 방, 집에 대한 미련 없이 뒤도 돌아보지 않고 제 살림을 챙겨 훌훌 떠났다. 집에 다니러 올 시간도 없고 올 마음도 없는 것 같았다. 딱 한 번 다녀갔다. 지난 어버이날, 작은 케이크 하나 사 들고 와서 점심 먹고 잠시 머물다 갔다. 그날, 삐삐삐삐 현관문을 열고 들어온 아들은 언제나 그랬던 것처럼, 마치 아침에 나갔다 저녁에 집에 돌아온 것처럼 자연스럽게 제 방으로 들어갔다. 그때 나는 생각했다. 저 방을 그대로 비워두어야겠구나.

그날 이후, 나는 수시로 아들 방을 들락거린다. 아침에는 커튼을 젖혀 햇살을 받아들이고, 저녁에는 전등을 켜고 누가 훔쳐볼까 커튼을 당긴다. 청소기를 밀고 화분에 물 주는 것도 잊지 않는다. 침대 커버도 수시로 빨아서 갈아둔다. 세상의 파도를 넘어가기 벅찰 때는 언제든지 와서 덜렁 누워 쉬었다 가면 좋겠다고 기도한다.

내가 무지했다. 요즘은 방 안에서도 세상을 두루 돌아다닐 수 있다는 걸 몰랐다. 컴퓨터로 휴대전화로 공부하고 정보도 얻으며 인맥도 넓혀 나갈 수 있는 세상이다. 아들은 이 방에서 자기만의 미래를 준비하고 있었던 것이다. 닫힌 방문 앞에서 혼자 애면글면했던 것이 민망하다. 조금 늦었을 뿐인데 그 시간을 기다려 주지 못해 미안하다. 이제 나는 아들을 믿는다. 뚝심 있게 일어섰으니 잘 헤쳐 나갈 것이다.

품에 안았던 인형을 다시 제 자리에 놓았다. 다 큰 남자가 뭔 인형을 그리 좋아하는지. 아끼는 인형 잔망 루피는 두고 갔다. 손 탈까 봐 그런단다. 가장 안전한 엄마 집에 맡겨 둔 것이다. 언젠가는 저 인형도 마저 들고 가겠지. 참. 내 방 전등부터 고쳐야겠다. 내가 내 방으로 가야 이 방은 진정한 아들만의 공간이 될 것이다. 비어 있지만 주인이 있는 방이다.

집에 가자

　불 꺼진 병실. 침대칸마다 커튼을 당겨 둘러치고 자기들만의 공간으로 숨어들었다. 얇게 코 고는 소리가 들린다. 부스럭거리는 소리도 들린다. 아직 잠 못 들고 뒤척이는 사람이 있는 듯하다. 침대 위 작은 전등을 켜고 책을 펴는데, 남편이 나가자고 눈짓한다. 링거대를 끌고 나갔다. 달-달-달-달 바퀴 구르는 소리가 복도에 울린다. 발바닥이 절로 오므라든다. 멀리서 다급한 구급차 소리가 들려온다. 가슴이 쿵 내려앉는다.
　"마, 인자 집에 가자."
　휴게실 의자에 앉자마자 남편이 불쑥 내뱉는다. 응급실을 통해 시작된 병원 생활이 한 달을 훌쩍 넘겼다. 몇 차례 수술실을 들락거렸다. 이제 한고비 넘겼다 싶으니, 며칠 전부터 자꾸 집에 가자고 한다. 내 집이라고, 가고 싶다고 마음대로 갈 수 있는 게 아니다. 의사 선생님의 퇴원 허락이 떨어져야 한다.

  옆 침대는 며칠 전부터 비어 있다. 환자는 팔순이 넘은 노인이다. 지금은 잠시 1인실에 가 있다. 낮에는 간병사가 돌보지만, 밤에는 식당 일을 마친 아내가 와서 교대했다. 노인은 옆을 지키는 사람이 간병사인지 아내인지 모른다. 하루에 한 번씩은 꼭 들르는 아들이 아버지를 애타게 불러도 무심하다. 숨만 쉬고 있는 송장이나 다름없다. 기약 없는 병원 생활에 가족들이 요양원을 알아보는 눈치다. 병원 측의 권유도 있었다.

  아내는 저녁 시간이 훨씬 넘어 남들 다 자는 시간에 온다. 대답 없는 남편에게 하루 동안의 안부를 물으며 혼자 온갖 말을 한다. 그날은 튀김 닭을 사 와서 노인과 나눠 먹었다. 노인 입에 닭고기를 넣어주며 뭐라도 먹어야 기운 차린다고 했다. 자는 척 눈을 감고 커튼 너머의 소리에 귀를 기울이던 나는 어둠 속에서 더듬더듬 남편 손을 찾았다. 다음 날 노인은 설사를 심하게 했다. 다른 환자들에게 전염될 수 있는 병균에 감염되었다면서 1인실로 격리되었다. 며칠 뒤, 자정이 다 된 시간에 복도에서 노인의 아들을 만났다. 동병상련일까. 며칠동안 같은 병실에서 지낸 것도 인연이라고 우리 앞에서 속내를 털어놓았다. 노인은 집에도 요양원에도 못 갈 것 같단다. 노인의 마지막 자리가 여기구나. 갈팡질팡 떠도는 생이 가없다.

  원래 이 자리에 있던 노인이 생각난다. 노인은 암 판정을 받았다. 집으로 가고 싶다는 노인과 요양원으로 보내기를 원하는 아내와의 이견이 좁혀지지 않아 퇴원이 하루 이틀 자꾸 미뤄졌다. 이 자리가 비면 우리가 옮기기로 했었다. 우리 병원 생활이 오래 걸릴 것 같다고 수간호사가 배려해 준 것이다. 나는 한시라도 이 창가 자리로 오고 싶은데 노인은 퇴원할 생각을 하지 않았다. 저녁 어스름 해가 먼지 낀 창문을 타고 넘어와 생각에 잠긴 노인 얼굴을 비췄다. 자식들은 멀리 있는지 통화하는 것은 들었지만, 모습은 본 적이 없다.

며칠 동안 침묵이 흐르던 창가 쪽 침대가 부산해졌다. 노인이 아내 뜻을 따르기로 했단다. 유달리 키가 작고 동글동글한 아내는 하루도 화장을 거른 적이 없다. 보호자 중에 제일 멋쟁이다. 아내는 병실 환자들 앞앞이 쾌유하라는 인사를 하고 트렁크를 끌고 나갔다. 나는 그녀의 알록달록 꽃무늬 원피스 위에 매여져 있던 굵은 벨트가 잊히지 않는다.

맞은편에 있던 중년의 아저씨는 집으로 갔다. 종일 침대에 누워 있는 사람이 맨날 하는 소리가 '집에 가자'였다. 의술의 힘을 빌리지 않고 이대로 집으로 가면 위험한 상황이라 의사나 보호자는 환자의 말을 못 들은 척했다. 혼자서는 앉지도 못하고 보호자가 입에 넣어주는 밥을 누워서 겨우 몇 숟갈 받아먹던 사람이다. 의사는 어떤 마음으로 퇴원을 허락했을까. 다 나아서 가는 게 아니고 마지막 몸 누울 곳을 찾아가는 아저씨의 마음은 어떨까. 남편을 집에 데려가는 그의 아내는 어떤 마음일까. 언젠가 면회 왔던 20대로 보이던 그들의 아들딸이 눈에 밟힌다.

 무시로 드나들던 집이 환자들에게는 그렇게 가고 싶은 곳이 되었다. 지상에서 허락된 시간이 얼마 남지 않은 사람에게는 더욱 그리운 곳이다. 하지만 그 집이란 게, 누구에게는 돌아갈 수 없는 곳이 되었다. 한 발 건너 그들 삶의 마지막 염원을 바라보자니 가슴이 아린다. 남편의 눈빛이 빈 들녘의 허수아비 마냥 흔들린다. 집에 가고 싶단다. 야무지게 단도리했던 가슴이 훅 꺾인다. 그래, 가자. 집에 가자.

 젊은 시절, 나는 틈만 나면 집을 벗어나고 싶었다. 집은 마음 편한 곳이 아니었다. 내게 주어진 삶의 무게는 질기고 독했다. 남편이 병을 얻어 구들장 신세가 되고 가계는 오롯이 내 몫이었다. 날마다 긴장 속에서 살았다. 퇴근하고 집에 들어가는 것이 목맨 송아지 신세 같았다. 조금도 쉴 틈이 없는 반복된 일상에 지쳤다. 얼른 이 고달픈 시간이 지나갔으면 싶었다.

 이제 세상의 옆길에 비켜 서 있는 나이가 되었다. 남편과 둘만 덩그러니 남겨졌다. 한 공간에 있지만 치대지 않고 각자의 리듬대로 산다. 흔전만전 남아 있는 게 시간이라 창밖의 풍경을 오래 바라보는 여유도 생겼다. 갈그치는 것이 없으니 울렁거림도 잦아들었다. 이제야 집이 마음 편한 곳이 되었다.

 집이란 마음이 한없이 늘어지는 곳이다. 날개죽지 부러져 새장에 갇힌 처지가 된 남편이지만, 아침에 눈 뜨면 그가 내뱉는 잔기침 소리가 오히려 마음을 편안하게 해 준다. 손때 묻은 묵은 살림살이가 정물화가 되어 버린 곳, 익숙해진 것들이 일상이 된 곳이 '집'이다. 집은 어디론가 떠났을 때 다시 돌아올 수 있는 곳이다.

의사는 한 며칠 경과를 보자고 했지만, 남편은 막무가내로 집에 가겠다고 고집을 부렸다. 할 수 없이 이틀에 한 번은 꼭 외래로 와서 치료받는다고 약속하고서야 퇴원 허락이 떨어졌다. 하긴 나도 빨리 집에 가고 싶다. 멀리 여행을 다녀온 뒤 집으로 돌아가는 것 같다. 자, 이제 집에 갑시다.

하늘 하나 건졌지

하늘에 해가 떠 있다. 창에 붉은 기운이 넘실거린다. 저 해가 내게로 확 달려들 것만 같아 잠시 멈칫했다. 뒤 베란다 하늘에는 달이 환하게 웃으며 내려다본다. 하도 선명해서 저게 달인가 해인가 잠시 헷갈렸다. 해와 달이 마주하고 있는 풍경이다. 나는 아침 내도록 앞 베란다에서 거실을 가로질러 뒤 베란다까지 왔다 갔다 하며 해도 보고 달도 본다. 하늘이 내 눈앞에 있다.

살던 집을 수리하기 위해 잠시 동생네로 임시 거처를 정했다. 마침 비어 있던 집이다. 처음 집 구경하러 와서 이곳저곳 둘러보다 내가 먼저 이 방을 찜했다. 안방과 부엌 사이에 있는 방이다. 방문을 여는 순간, 큰 창에 가득한 하늘을 보고 탄성을 질렀다. 하늘을 생전 처음 본 사람처럼.

어쩌다 보니 일층 아파트에 오래 살고 있다. 사람들은 손가락으로 하나하나 꼽아가며 일층 집의 단점을 말하지만, 나는 일층의 매력에 빠져 십수 년째 살고 있다. 이팝나무와 은행나무, 소나무가 집 둘레에 빙 둘러서 있는 풍경이 좋다. 가끔 창밖으로 지나가는 고양이와 눈맞춤하는 재미도 있다. 하늘이라야 아파트 앞 동과 태권도 학원 건물 사이로 보이는 팔절 도화지 크기 정도다. 그것도 키 큰 나무에 가려져 작정하고 봐야 보인다. 하늘을 모르고 살았다. 그런데 여기 십이 층 아파트에 오니 온통 하늘이다. 누우면 하늘만 보이고 앉으면 멀리 무채색의 아파트 숲이 보인다. 살던 집과는 또 다른 풍경이 낯설면서도 신기하다.

넓은 아파트에 사람 셋, 한 달 살기에 필요한 약간의 살림살이가 전부다. 소꿉놀이하는 것 같다. 집이 넓어서인지 가구가 없어서인지 거실 바닥에 내려앉은 텔레비전 소리가 웅웅거려 무슨 말을 하는지 못 알아듣겠다. 낯설다. 앞뒤 탁 트인 넓은 창으로 하늘이 자꾸 들여다보니 더 어색하다. 우리 세 식구만 지구에서 뚝 떨어져 별다른 세상에 와 있는 것 같다.

네모난 창 너머로 보이는 하늘. 이제 내가 이 집에 사는 동안 저 하늘은 내 거다. 아무도 못 가져가게 열 손가락 펼쳐 손도장 꽉 찍었다. 시시각각 변하는 하늘빛에서 눈을 떼지 못한다. 하늘 색깔에 따라, 해의 방향에 따라 도시의 인상도 달리 느껴진다. 연무 탓인가. 아침에는 자주 하늘이 젖어있다. 도시가 뿌옇다. 그래도 차츰 날이 밝아지면 하늘과 아파트 꼭대기의 경계가 드러나면서 세상이 선명해진다. 햇빛에 눈이 부셔도 블라인드를 내리지 않고 온 얼굴로 몸으로 그 빛을 받아들인다. 바닥에 내려앉아 있던 먼지가 햇살을 등에 업고 까불댄다.

어느새 하늘이 개었다. 잔잔한 무늬를 펼치던 구름은 흔적조차 없다. 온통 파란색이다. 창을 마주하고 누웠다. 양 팔을 옆으로 펴고 다리를 위로 쭉 뻗는다. 하늘을 발밑에 두고 두 다리를 돌린다. 신나게 하늘자전거를 탄다. 오른쪽에서 왼쪽으로, 왼쪽에서 오른쪽으로, 지그재그로 방향을 튼다. 내 맘대로 하늘을 휘젓고 다닌다. 천방지축으로 뛰어다녀도 발자국조차 없다.

하늘 밭을 걷는다. 그냥 무심히 걷는다. 꼭꼭 다잡아두었던 마음을 열고 발아래 와 닿는 조각구름을 밟는다. 하늘이 내게 말을 건다. 한 번쯤 이렇게 모든 것 내려놓고 쉬어감도 좋은 거라고. 티끌 하나 용서치 않았던 소견으로 세상을 헤맸던 내가 보인다. 참 무던히도 악착같이 살았다. 다들 그렇게 사는 건 줄 알았다. 지나고 나면 다 그냥이 되는 것을.

어쩌다 문득 올려다봐야 보이던 하늘을 손에 잡을 듯 가까이 두고서 생각이 깊어진다. 하늘은 무한대의 공간이다. 매일, 매시간 표정이 바뀐다. 어느 시인의 말대로 볼 때마다 달라진다. 사람들은 그런 하늘을 보며 제각각의 감성에 젖어 든다. 떠난 이를 그리워하기도 하고 슬픔을 이겨내기도 한다. 절대자를 마음속에 담아두기도 하고 용기를 얻기도 한다. 뭐든 한 발 비껴 멀리서 봐야 객

하늘 하나 건졌지 **109**

관적인 시선으로 대할 수 있는 것 같다. 하늘을 보면서, 내 눈앞에 있는 것만이 진리인 양 독선적인 삶을 살지는 않았는지 돌아본다.

하늘에 노을이 내려앉았다. 뒤 베란다가 주홍빛으로 흥건하다. 수직으로 치솟던 아파트도 잠시 숨 고르기를 한다. 창밖의 석양을 바라본다. 곧 어둠 속으로 빠져들고 하늘은 사라질 것이다. 도시의 밤하늘은 현란한 불빛에 밀려 소리 없이 멀어진다. 그래도 이 밤 지나면 창밖으로 다시 눈부신 하늘을 볼 수 있을 거라는 기대를 안고 블라인드를 내린다.

우리 집으로 돌아갈 날이 얼마 남지 않았다. 나는 이곳에서 하늘 하나 건졌다.

면회

 큰 도로에서 벗어나 안심교를 지나면 너른 들판이 펼쳐져 있다. 포도밭이 있고 복숭아밭이 있다. 그 길을 따라 가면 깔끔하게 정비된 개천도 있다. 주위 산책로에는 금계국이 무리 지어 피었다. 몇 해 전까지만 해도 엄마를 주간보호센터에 모셔다드리던 길이었는데, 이제는 요양 병원에 계시는 엄마를 만나러 가는 길이 되었다. 기억을 잃은 엄마는 이 길을 지날 때마다 같은 소리를 했다. "여기가 어디고. 꽃이 참 곱다."
 일주일에 한 번, 엄마를 보러 간다. 도시 외곽이라 교통편이 어중간하다. 남편이 데려다준다. 십사 년째 장모님과 이 길을 함께 했으니 눈 감고도 찾아갈 수 있겠다. 그 사이 남편 건강은 더욱 나빠졌다. 운전은 그런대로 할 수 있지만, 걷는 것이 불편해 병실까지 같이 가지는 못한다. 그래도 한 번도 귀찮다 하지 않고 차 키를 들고 먼저 나선다. 남편과 나는 둘이 티격태격하다가도 엄마 일이라면 한마음이 된다. 내가 엄마를 생각하는 만큼 남편도 장모님을 살갑게 챙긴다.

오늘은 여느 날과 달리 엄마를 만난다는 설렘보다는 무거운 마음으로 집을 나선다. 어제 큰 남동생에게서 문자가 왔다. 병원에서 연락이 왔는데, 혹시 모를 상황에 대비해 연명치료에 대한 결정을 미리 해두라고 한단다. 나는 이미 마음을 굳혔지만, 대답을 미루었다. 다른 동생들도 침묵했다. 결국 내가 먼저 문자를 보냈다.

- 연명치료 반대.

그제야 여동생도 같은 생각이라고, 고생하지 말고 고통 없이 가셨으면 좋겠다고 한다. 내가 주동이 된 듯한 이 불편한 상황을 피하고 싶었는데. 남편은 아직 닥치지도 않은 일에 깊게 생각하지 말라고 했다. 그 말이 위로가 되지 않는다는 것을 알면서 하는 말이다.

노인 전문 병원. 엄마가 입원해 있는 곳이다. 입구에서 체온을 잰 후 명부에 이름을 적고 바로 3층으로 올라간다. 승강기 옆 303호실, 오른쪽 구석 자리에 엄마가 있다. 아. 웬일로 오늘은 엄마가 눈을 뜨고 계시네. 나는 마스크를 내려 얼굴을 보여주면서 둘째 딸이라고 했다. 엄마가 나를 빤히 쳐다본다. 입을 오물거리며 뭐라고 웅얼거린다. 못 알아듣겠다. 알아들은 척 말대답을 했다. 엄마 손을 잡았다. 서느렇다. 살구씨만 하던 손등의 보랏빛 반점은 갈수록 넓게 퍼지는 것 같다. 가늘고도 긴, 힘없는 손가락을 만지작거렸다. 그리고 이불 밑으로 손을 넣어 여윈 다리를 주물렀다. 좋아지고 있으니 조금만 더 기운 내자고 했다. 내가 딸인 줄 모르는 엄마는 공손하게 "예"라고 대답하는 것처럼 입술을 들썩인다.

간병사가 일없이 텔레비전 앞에서 왔다 갔다 한다. 면회 시간이 다 되었는가 보다. 그새 15분이 지나갔구나. 빤히 쳐다보는 엄마를 두고 나오자니 발걸음이 떨어지지 않는다. 뒤돌아보면서 몇 번이나 손을 흔들었다. 이럴 땐 차라리 엄마가 전에처럼 주무시는 게 낫겠다 싶다. 병실을 나와 간호사실을 향해 꾸벅 인사를 했다. 내 엄마를 그대들 손에 맡겨야 하는 딸의 마음이다.

차에서 기다리던 남편이 내 눈치를 살핀다. 남편과 눈이 마주쳤지만, 그냥 웃고 말았다. 남편이 무슨 말을 하고 싶은지, 내 입에서 어떤 대답이 나오는지 묻지 않아도 대답하지 않아도 서로 다 안다. 엄마는 내가 누군지 모른다. 대화도 안 된다. 누워서 빤히 쳐다보기만 한다. 어떤 때는 눈을 감고 있는 엄마 앞에서 나는 내 혼잣말만 한다. 성주에 있는 외갓집 이야기하고, 전에 우리가 살았던 동네 이야기도 하고, 밖에는 지금 엄청 덥다고도 하고. 엄마는 가끔 의미 없는 소리로 웅얼거릴 뿐이다. 다른 사람이 보면 나 혼자 침대에 누워있는 엄마를 붙들고 원맨쇼 하는 것처럼 보일 지도 모른다. 나도 이 생뚱맞은 장면이 어색하다. 그럼에도 내가 이렇게 엄마를 찾아가는 이유를 남편은 안다. 홀로 병원에 계시면 얼마나 외로우실까. 딸도 있고 사위도 있으니 두려워말고 가시는 날까지 편하게 계셨으면 좋겠다는 내 염원을 남편이 알아주고 마음을 보태주니 큰 힘이 된다.

    남편이 차 시동을 건다. 핸들 위에 걸쳐있는 남편의 손을 물끄러미 바라본다. 저 손에도 언젠가는 엄마 손처럼 저승꽃이 피겠지. 천천히 왼쪽으로 핸들을 돌리는 남편의 시선이 차창 밖으로 향한다. 나는 고개를 오른쪽으로 돌리고 창밖의 여름을 응시한다. 거기, 허공을 바라보는 엄마의 눈빛이 겹친다.

돈, 돈, 돈

사람 관계에서 돈만큼 소중한 것이 있을까.

#1. 돈
 - 생기지도 않은 돈

한 번도 로또를 사 본 적이 없다. 그러면서도 내가 만약 로또 1등에 당첨된다면 그 돈을 어떻게 쓸 것인가 생각해 본 적은 있다. 아주버님도 그런 상상을 하신 것 같다. 그날, 무슨 일로 시골 큰댁에 갔었다. 모처럼 온 가족이 만난 터라 이런저런 이야기는 끝이 없었다. 혼자 방 안에 계시던 아주버님도 거실로 나오셨다. 입꼬리가 귀에 걸려 있었다. 자리에 앉자마자 만약 로또 1등에 당첨되면 누구 얼마 주고, 누구 얼마 주고… 하며 손가락으로 꼽으셨다.

그 명단에 우리도 있었다. 우스갯소리로 하신 말씀인 줄 알면서도 기분이 좋았다. 갑자기 시누님이 발끈하셨다.

"오빠, 거기서 나는 왜 빼요. 나는 왜 안 주느냐고."

"너는 잘 살잖아."

아주버님의 대답은 간단 명쾌했다.

"그래도 그렇지…."

두 분의 실랑이는 한참 동안 이어졌다.

"아이고, 로또 한 장 사지도 않고 이게 뭔 짓이고."

시누님이 웃으며 한 발 뒤로 물러서자 긴장하고 있던 우리도 가슴을 쓸어내렸다. 자식들에게 줄 생각은 하지 않고 동생들에게만 나눠 줄 거라고 하셨으니, 형님은 또 얼마나 섭섭하셨을까. 진짜 상황이었으면 아마 이 집안은 풍비박산되었을 거다. 그 명단에서 빠져 잠시 섭섭했던 시누님은 믿었던 사람에게 발등 찍혔다. 마음고생 하셨지만, 툭 털고 일어나셨다. 현명하신 분이다. 이제 지난 일이 되었다.

그놈의 돈이 사람을 갖고 논다. 요리조리 흔들어 재끼니 사는 것도 혼란스럽다.

#2. 돈
– 생계가 달린 돈

20대 젊은 교사가 채 못다 핀 꽃 한 송이로 삶을 마감했다. 그녀의 사인死因을 두고 나라가 시끄럽다. 학부모의 갑질이 원인이 되었을 거라는 추측이 난무하다. 아까운 청춘에게 마음 깊은 애도를 보낸다. 아들에게서 문자가 왔다. 뉴스 보니까 전에 엄마 마음 고생했던 거 생각난다며, 견뎌줘서 고맙다고 위로해 주었다. 퇴직하기 몇 해 전, 어느 학부모한테 시달림을 받았다. 억울하고 분했다. 학교에 가기 싫었다. 하지만 내게는 우리 세 식구의 생계가 달려 있었다. 그 치욕과 분노를 떨쳐내고 해가 뜨면 출근하고 해가 지면 퇴근했다. 업무가 버거울 때도 있었고 아이들이 안 이쁜 날도 더러 있었다. 그냥 다녔다.

  나를 생계형 직장인으로 만든 장본인은 남편이다. 남편은 돈 때문에 무너졌다. 줄 돈은 주고 받을 돈은 받지 못했다. 나중에는 줄 돈도 주지 못했다. 때문에 우리 가족은 집을 잃고 가난하게 살았다. 내가 돈을 벌었기 때문에 아주 가난하지는 않았다.

  그놈의 돈이 사람을 자빠지게 했는데, 돈 때문에 악착같이 살았다.

#3. 돈
– 생각하게 하는 돈

  새댁 시절이었다. 명절이라 시댁에 갔다. 차례를 지내고 뒷정리까지 마쳤지만, 시할머니를 뵈러 친지들이 들락거렸다. 상을 차리고, 치우고, 또 차리고…. 참 이상했다. 어떤 아재가 오시면 차려 놓은 밥상에 숟가락 하나 더 얹으면 된다 하고, 어떤 손님이 오시면 육포를 꺼내 곱게 잘라 상 위에 얹어 내갔다. 나중에 내가 온전히 이 집 사람이 되고서야 그때의 풍경이 이해되었다. 먹던 밥상에 숟가락 하나 얹어 대접받은 아재는 서울에서 오셨는데 살림이 궁핍한 분이었다. 자식들이 먹을까 봐 단지 속에 꼭꼭 숨겨 두었던 그 귀한 육포를 대접받은 분은 마산에서 큰 목욕탕을 운영하는 부자 친척이었다. 잘 살아야 나중에 고향 와서 대접받는구나. 뼈저리게 느꼈지만, 우리는 고향에 가도 대접받는 부자가 되지 못했다. 그래서 고향에 가는 발걸음이 무겁다.

그놈의 돈이 사람을 차별하고, 사람을 서럽게 한다.

사람 관계에서 돈만큼 소중한 것은 없다.

오 남매

 오 남매 사이가 성글어졌다. 만나면 반갑게 얼굴 대하지만, 그냥 빈말로 인사를 주고받을 때도 있다. 나이 들며 감정도 따라 무뎌졌는지 한 번 봤으면 싶은 마음도 들지 않았다. 그동안 좀 소원했다.
 안부가 궁금하던 차에 막내 여동생이 단톡방에 작은 남동생 환갑 소식을 전했다. 환갑은 중년의 시작이라는 제부의 덕담에 이어 모두 한 마디씩 축하 글을 적었다. 꽃다발 사진도 올라왔다. 오랜만에 카톡방이 화기애애하다.
 큰 남동생이 오늘의 주인공인 작은 남동생이 태어나던 날의 기억을 끄집어 냈다. 그때 우리는 아버지가 근무하시던 시골 학교 근처에서 세 들어 살았다. 엄마가 산통을 느끼면서 언니, 나, 큰 남동생을 밖으로 내보냈는가 보다. 큰 남동생은 우리가 방 앞 툇마루에 앉아 있었다고 했다. 무슨 소리, 방문 앞에 뭔 툇마루가 있었다고. 방문 앞에 있는 댓돌 위에 쪼그리고 앉아 있었다고 내가 되받아쳤다. 그때 여덟 살이던 언니의 기억이 제일 정확할 것 같은데, 언니는 우리가 방문 앞에서 서성이고 있었단다. 와르르. 웃음이 쏟아졌다. 같은 시간 같은 공간에 있었던 일인데 기억은 제각각이었다. 내 기억은 내게만 옳다더니 서로 자기 말이 맞다고 우겨댔다. 막내는 그때 태어나지도 않아서 입 다물고 있더니 그예 한마디 보탠다. 아이고, 육십 노인들이 뭔 케케묵은 소설 같은 이야기를 하느냐고. 어쨌든 툇마루가 없었던 것은 확실하다.

서로의 작은 기억들을 모아 보지만 조각이 맞춰지지 않는다. 그때 네 살이었던 큰 남동생은 방에서 어머니가 아기 낳으면서 앓는 소리 내는 것을 들었다고 하는데, 언니도 나도 소리에 대한 기억이 없다. 나는 언니가 아버지를 모시러 학교에 갔던 것 같은데, 언니는 아니라고 한다. 그러면 집주인 딸 들련이 언니가 갔었나. 내 기억도 오락가락한다.

단톡방을 닫고 다시 혼자가 되었다. 나는 육십 년 전 잠시 살았던 작은 집으로 기억의 회로를 맞춘다. 누르스름한 색으로 기억되는 걸 보면 흙집이었던가 싶다. 나지막한 집 바로 옆에 낮은 산이 있었다. 어머니가 땔감을 구하러 그 산을 자주 오르셨던 것 같다. 나무 사이를 비집고 햇빛이 빗살처럼 퍼져 우리 집 마당으로 쏟아져 내려오던 풍경도 아련히 떠오른다. 엄마가 대구 할머니 댁에 가시고 아버지와 둘만 남았을 때, 아버지가 해주신 하얀 쌀밥도 생각난다. 김에 싸서 맛있게 먹었다. 그리고 아버지가 근무하던 학교에 따라갔었지. 언니나 남동생은 그 집에 대해 어떻게 추억하고 있을까. 아, 언니는 가끔 그 집에서 살 때의 기억을 한 번씩 떠올리곤 했었다. 변소에 빠져서 엄마한테 된통 혼났었다고. 고무줄놀이를 한 뒤라 발에 땀이 차서 고무신이 미끄러워 그랬었다고. 집에 받아놓은 물이 없어 냇가에 가서 씻었다고. 나도 어렴풋이 들은 기억이 나는 걸 보면 꽤 큰 사건이었나 보다. 그렇다. 하나하나의 기억이 모여 추억이 되었다. 다시 돌아갈 수 없는 시간이요 공간이지만, 그 기억들이 우리 오 남매를 묶어주는 단단한 끈인 것은 분명하다.

그 끈을 만들어주신 주신 분은 부모님이셨다. 여느 부모가 그렇듯 아버지, 어머니의 품은 넓었다. 엄한 가르침으로 반듯하게 키워주셨다. 아들딸 구별도 있었고 한 자락 더 마음 가는 자식이 있었겠지만, 우리 오 남매의 든든한 울타리가 되어 세상의 비바람을 막아 주셨다.

아버지 가실 때에는 오 남매에게 각자 몫으로 공평하게 남기셨다. 큰 남동생에게 따로 한몫 챙겨주시고, 작은 아들과 딸 세 명에게는 상가를 하나씩 주셨다. 따로 유언장이 없어도 평소 말씀이 유언이 되었다. 딸 셋은 목 좋은 자리를 작은 남동생에게 양보했다. 나머지는 뽑기를 했다. 엄마가 가게 이름이 적힌 쪽지를 탁자

위에 던졌고, 우리는 앞에 놓인 쪽지를 집었다. 자식들에게 다 주고 홀가분해하시던 엄마 표정이 아직도 기억 속에 선명하다. 넷이 세무서에 가서 신고하고 각자 자기 이름으로 된 사업자등록증을 받았다. 세무서 직원은 방안에 걸린 그림 한 점으로도 형제간에 서로 가지려고 다투는 세상인데 이렇게 화목한 모습이 참 보기 좋다고 했다. 부모님 덕분이다. 벌써 십 년도 더 된 일이다.

  이제 우리 오 남매는 노인이 되었거나 노인의 길목에 들어섰다. 저마다의 가정을 꾸리고 저마다의 '집'이 되었다. 껄끄러운 속사정이야 한두 가지 있겠지만, 이만하면 잘 살아왔다. 툇마루가 있었건 없었건 앉아 있었건 서 있었건 그 기억이 헷갈리는 게 뭔 대수랴.

그 남자의 머리를 감겨 주고 싶다

삐쩍 마른 남자가 창밖을 내다본다. 일흔 초반의 나이인데, 굵고 깊은 주름으로 인해 팔십 넘은 노인 같다. 붕대를 감은 오른손은 가슴 앞에 얌전히 매달려 있고, 왼손은 링거대를 잡고 있다. 붕대를 얼마나 두껍게 감았는지 복싱 글러브 같다. 인기척에 고개를 돌리더니 노랗게 웃으며 아는 체를 한다. 다행이다. 어젯밤에는 뭔 일이 일어날 것만 같아 가슴을 졸였다.

금식이라 점심도 굶고 바로 수술실에 들어간 남자는 창밖에 어둑살이 깔리고서야 병실로 실려 왔다. 수술 통증이 심하고, 무엇보다 나올 듯 나오지 않는 소변 때문에 고통이 심한 듯했다. 남자는 차라리 죽여 달라고 고래고래 소리 질렀다. 짐승의 울부짖음 같았다. 진통제를 맞고 소변 줄을 끼우고서야 진정되었다.

벼를 수확하다가 콤바인에 손이 끼였단다. 오른손 엄지손가락이 잘려 나갔다. 시골 병원을 거쳐 구급차를 타고 이 병원으로 오기까지 시간이 걸렸다. 접합 수술을 했지만, 이미 상해버린 손가락은 곪아버렸다. 다시 손가락 절단 수술을 했다.

그는 항상 혼자다. 집사람은 벌써 저세상으로 갔어요. 묻지도 않았는데 먼저 말했다. 아들이 한 명 있다고 슬쩍 내비치긴 했는데 더는 입을 다물어 버렸다. 그냥 멀리 있다고만 했다. 보호자도 없고 면회 오는 사람도 없이 혼자서 모든 걸 감당한다. 혼자 밥 먹고 혼자 처치실에 다녀오고 혼자 의사 면담하고, 그리고 침대에 걸터앉아 물끄러미 다른 사람을 쳐다본다.

그는 잠이 없다. 매일 밤 어둠 속에서 삐걱거리는 침대 소리가 들린다. 뒤척이며 내뱉는 한숨 소리가 무겁고도 아득하다. 창으로 들어오는 희미한 빛에 의지해 바스락거리며 짐을 챙긴다. 그러다 물건을 떨어뜨려 사람들의 단잠을 깨운다. 여기저기서 투덜대는 소리가 들려도 개의치 않는다. 수면제를 처방받아 먹었지만, 약발이 듣지 않았다. 한밤중에도 병실 밖에 나가 돌아다닌다. 복도를 배회하다 병원 밖으로 나가기도 하고 옥상에 올라가기도 한다.

그는 내도록 춥다고 한다. 환자복 안에 티셔츠를 입고 또 위에는 파카를 걸치고도 여기는 왜 이리 춥냐고 투덜댄다. 땟자국으로 빼질빼질한 파카에서 쓸쓸한 남자 냄새가 났다. 어찌 기름기 없는 그의 마른 몸 탓일까. 마음이 추운 거겠지. 혼자 하는 여행이 얼마나 외로울까.

한 중년 신사가 찾아왔다. 이 병실에 입원했다가 얼마 전 퇴원한 사람이란다. 운동화 한 켤레 들고 왔다. 나중에 퇴원할 때 장화 신고 어떻게 가겠냐며 새 신발은 아니지만 갖다주러 온 것이다. 이 남자가 입원할 때의 상황을 다 알고 있었다. 논에서 일하다 다쳐 그대로 병원에 왔으니 아마 장화를 신고 왔나 보다. 봐라. 세상은 혼자가 아니다. 내 가슴이 손뼉을 친다. 얼추 맞을 거라고 했지만, 발에 꽉 끼이는 듯했다. 내가 운동화 끈을 느슨하게 풀어주었다. 괜찮으냐고 올려다보며 묻는데 내 얼굴에 머리카락이 흘러내렸다. 그때 나는 막 머리를 감아서 흐트러진 머리카락을 정리하지 않은 상태였다. 그가 내 얼굴에 흘러내린 머리카락을 손가락 끝으로 조심스레 걷어 올려 주었다.

무심한 그의 손길을 느끼는 순간, 나는 이 남자의 머리를 감겨 주고 싶다는 생각이 들었다. 헝클어지고 엉겨 붙어있는 그의 머리를 감겨 주면, 그가 환하게 웃을 것 같았다. 우수수 살비듬 떨어져 있는 그의 침대를 지나치면서, 웅크리고 설핏 잠든 그의 모습을 보면서 가만히 등을 쓸어주고 싶기도 했다. 쪼그라들고 구부정한 등에서 이제는 생의 뒤안길에 접어든 남자의 고독함이 보인다. 곧 버려질, 낡고 발가벗겨진 마네킹 같은 서러움이 묻어난다.

나는 이 남자가 웃거나 실없는 농담을 할 때면 따라 웃어도 가슴이 저렸다. 그날, 수술을 끝내고 와서 포효하듯 울부짖던 이 남자는 마음이 몹시 아픈 사람이다. 용케 잘 버티다 울음이 터진 것 같다. 한 번 실컷 울어보고 싶지 않았을까. 아비는 없다고 생각하라며 내친 아들을 부르는 소리였을까. 괜찮은 척했지만 사실은 괜찮지 않았다고, 죽지 못해 살아온 삶이 서러웠다고 아르렁댄 것인지도 모르겠다.

나는 이 남자에게 하고 싶은 말이 많다. 다시는 죽고 싶다는 말 하지 마라. 손가락 하나 없어 불편하겠지만 까짓것 칠십 평생 살아온 오기로 얼마든지 이겨 낼 수 있을 거라고, 한잠 푹 자고 나면 이 고비도 물러갈 거라고 말해 주고 싶다. 지나온 삶에 대한 무지, 반성, 후회 다 소용없는 짓이다. 남은 생을 어떻게 마무리해야 하는지가 우리에게 주어진 숙제다. 더 이상 그의 삶이 춥지 않기를 기도한다.

우리가 퇴원하던 날, 그가 승강기 앞까지 나와서 배웅해 주었다. 다시는 우연으로라도 만날 수 없는 사람인데, 자꾸 생각난다.

올케

오랜만의 바깥나들이다. 외곽으로 접어든 차는 싱그러운 바람을 가르며 거침없이 달린다. 창문을 내리고 크게 숨을 들이쉰다. 바람 냄새가 좋다. 흐트러진 머리칼을 다듬는다. 그새 차 안의 공기가 달라졌다. 반듯하게 정비된 도로변 화단에 코스모스가 무리 지어 피었다. 신호에 걸린 차가 잠시 멈추고, 나는 창밖의 코스모스를 보며 묻어두었던 기억을 떠올린다. 누구나 코스모스에 대한 추억 하나쯤은 있을 터. 나는 코스모스를 보면 올케를 생각한다. 지금 앞자리에서 운전하고 있는 사람이다.

언니네에 간다. 혼자 살던 언니가 암 환자가 되었다. 아들네와 살림을 합쳤다. 이참에 집을 도시 근교 전원주택으로 옮겼다. 오늘 서울 여동생과 언니를 보러 가기로 했다. 요양 병원에 계신 엄마를 면회하고 언니도 만나 보려고 스케줄을 맞추었다. 고맙게도 올케도 같이 가기로 했다. 올케와 여동생은 몇 달 만에 만났다. 그런데 마치 어제 보고 오늘 또 만난 사람처럼 주고받는 이야기가 푸지다. 올케의 운전 솜씨가 놀랍다. 처음 찾아가는 길인데 저렇게 수다를 떨면서도 헤매지 않고 잘 찾아간다. 무심히 바라본 올케의 뒷모습. 길게 뻗은 흰 머리카락은 은발 같다. 가냘프던 어깨는 살집이 올라 제법 두툼하다. 한 옥타브 올라간 목소리에 중년의 무게가 느껴진다. 바람 따라 한들거리는 창밖의 코스모스를 보면서 오래전 막 결혼했을 때의 올케 모습이 떠올랐다.

집 앞에서 언니와 마주쳤다. 요양보호사 손을 잡고 동네 산책을 하고 돌아오는 중이었다. 얼마 전에 봤을 때보다는 허리가 꼿꼿해서 마음이 놓인다. 집 구경을 마치고 넷이 마주 앉았다. 질부가 차려 준 다과상을 앞에 놓고 모처럼 회포를 푼다. 병원에 계신 엄마 걱정, 친지들 안부, 젊었던 시절의 에피소드…. 맞장구쳐주는 올케 덕분에 분위기가 화기애애해진 것 같다.

"세 분이 똑 닮았네요."

헤어질 때 언니, 나, 올케를 두고 질부가 하는 말이다. 그 소리가 싫지 않았다.

올케, 김희라 씨. 동대구역에 여동생을 내려주고, 또 나를 우리 집까지 데려다주겠다고 한다. 그냥 지하철 타고 가도 되는데 올케 고집을 못 이겼다. 번번이 이렇게 신세를 진다. 병마와 싸우느라 피골이 상접한 언니 모습이 지워지지 않는다. 아직 얼마든지 활동

할 수 있는 나이인데. 올케도 나와 같은 생각을 했나 보다. 스트레스 받지 말고 남은 인생 즐겁게 살자고 마음을 모았다. 젊은 시절 티격태격하며 감정 찌꺼기를 뱉어낼 때도 있었지만, 이제 나이 들고 보니 서로에게 기댈 수 있는 지주대 같은 사이가 되었다.

올케, 김희라 씨. 우리 아파트 현관 앞에 나를 데려다주고 돌아간다. 차 창문을 열고 몇 번이나 손을 흔들며 담에 또 만나서 같이 밥 먹자는 약속을 잡는다. 차가 아파트 모퉁이를 돌아갈 때까지 뒷모습을 바라봤다. 올케는 서울 사람이다. 대구 남자와 결혼하면서 대구 사람이 되었다. 이제는 토박이나 다름없다. 처음에는 사투리를 알아듣지 못해 혼란스러워했다. 그랬던 사람이 집안의 맏며느리 완장을 차고 자리를 굳건히 지키고 있다. 이 집 사람이 되기까지 그녀가 겪었을 마음고생은 불문가지다. 오늘도 기꺼이 자리를 같이 해주었다.

올케, 김희라 씨. 나는 아직 올케에게 그대를 보면 코스모스가 생각난다고 말하지 않았다. 본인이 코스모스를 닮았다는 뜻인가 착각해서 내 말이 채 끝나기도 전에 설레발을 칠 게 뻔하다. 올케가 코스모스를 닮았다는 게 아니라, 코스모스를 배경으로 사진을 찍었던 이야기부터 먼저 해줘야겠지. 올케도 기억하려나. 시집온 첫 해 추석에 할아버지 산소에 인사드리러 가는데 우리 부부와 작은 남동생이 동행했다. 결혼식 후 첫 대면이었다. 처음 만난 시누, 올케 사이인데 어색하지 않았다. 따뜻한 기억으로 남아있다. 돌아올 때 길 따라 피어있는 코스모스 꽃길에서 같이 사진을 찍었다. 분홍색 투피스를 입고 다소곳이 서 있는 올케가 코스모스와 잘 어울렸다. 예뻤다. 내 기억 속에 오래 남아있는 장면이다. 아직도 나는 코스모스를 보면 올케 생각을 한다.

대문을 열다

　도심의 새벽 거리를 걷는다. 가슬가슬한 촉감으로 와 닿는 맑은 공기가 상큼하다. 길게 줄지어 있는 가게들. 저마다의 글자와 색깔로 치장한 간판들이 대문 앞 문패인 양 당당하다. 대로변에서 골목길로 들어간다. 칸막이 쳐 놓은 담장 사이로 입을 앙다문 대문들이 일렬로 줄지어 나를 반긴다.
　취미 생활로 그림을 그린다. 꽃을 즐겨 그린다. 인터넷에 올라온 꽃 사진 중 마음에 드는 것을 골라서 보고 그린다. 어느 정도 이력이 붙으니 다른 사람이 그리지 않는, 나만의 주제가 있는 꽃을 그리고 싶었다. 생각해 낸 것이 네모난 도시에서 생명을 키우는 꽃이다. 내가 직접 꽃 사진을 찍기로 했다. 한데, 번잡한 거리에서 사람들의 시선을 받으며 사진을 찍기에는 용기가 미치지 않았다. 나름 생각한 것이 새벽 시간이다.

긴 골목의 막바지쯤, 담장에 빨간 장미가 흐드러지게 피어 있다. 막 잠에서 깨어난 말간 얼굴의 장미가 눈길을 끈다. 얼른 셔터를 누르는데 옆의 파란 대문에 눈길이 꽂힌다. 두 계단을 딛고 올라서서 그 문을 열고 들어가면 호그와트 급행열차를 타고 마법의 세계로 들어가듯 지난 시간으로 갈 수 있을 것 같은 착각에 빠진다. 잠시 파란 대문을 바라본다.

어릴 때 대문이 있는 집은 나의 로망이었다. 대문이 있는 집에서 살고 싶었다. 우리 집은 큰 시장에서 장사를 했는데 가게에 딸린 안채에서 살았다. 다른 집은 대문으로 다니는데 우리는 가게를 통해 출입했다. 건물 옆 조그만 통로 끝에 작은 문이 있었지만, 대문으로의 역할은 하지 못했다. 그냥 빈 곳에 물건을 쌓아두었고 어쩌다 특별한 일이 있을 때만 한 번씩 그 문을 열었다. 나는 가끔 그 작은 문의 틈으로 바깥세상을 내다보며 이게 대문이라면 참 좋겠다고 생각했다.

가게는 늘 북적거렸다. 물건을 사러 오는 손님들뿐만 아니라 난전에서 장사하는 상인들이 수시로 들락거렸고, 지나가는 사람들이 잠시 앉았다 쉬어가는 곳으로 항상 시끌벅적했다. 식사 중에 손님이 오는 것은 예사였고, 그 무렵 한창 인기 중이던 저녁 드라마를 하는 시간이면 가겟방은 온 시장 사람들로 붐볐다. 우리 집은 무시로 바람이 스쳐 지나가는 곳이었다. 나는 우리 가족만의 따뜻하고 아늑한 공간을 바랐다.

간절히 원하면 이루어진다던가. 우리가 커가면서 여덟 식구가 살기에는 집이 솔았다. 아버지는 마당이 있는 큰 집을 지었다. 커다란 나무 대문에는 아버지의 이름이 적힌 문패가 당당하게 걸려 있었다. 대문은 우리 가족을 지켜주는 든든한 보호자였다.

한데 언제부터인가 집안이 썰렁하게 느껴졌다. 엄마가 안 계셨기 때문이다. 엄마는 아침에 아버지와 같이 가게로 나가서 저녁이 되어야 오셨다. 이사 오기 전에는 매일 우리와 함께했던 엄마였는데 이제는 따로 시간을 내야 얼굴을 보고 이야기도 나눌 수 있었다. 대문 안의 세상은 생각만큼 달콤하지 않았다.

내가 그렇게 원했던 대문이 할머니를 외로움에 가두는 족쇄가 되었다. 할머니는 홀로 집을 지키셨다. 시장에서는 눈만 뜨면 가게로 나와 사람들과 어울려 지내며 하루를 보냈지만, 주택에서는 큰 대문 안에 갇히는 신세가 되어 말벗도 없이 혼자 지내셨다. 연세도 많고 글자를 모르기 때문에 누구의 도움 없이는 외출이 불가능했다. 무료하게 계시다가 대문 밖에 나가 앉아서 오가는 사람들을 구경하시던 모습이 생각난다.

젊은 날, 대문은 나의 자존심이었다. 남편이 호기롭게 시작한 사업이 날개를 펴보기도 전에 IMF로 곤두박질치고 말았다. 그 여파로 우리는 집을 잃었다. 아이의 학교 근처 이층에 세를 얻었다. 비바람을 막아줄 집을 구했지만, 대문을 드나들 때마다 자존심은 구겨졌다. 일거수일투족을 감시하는 듯한 주인의 눈을 피해 출입했다. 밤늦게 집에 들어올 때면 철컥대는 문고리 소리가 밤공기에 쨍하고 울려 퍼졌다가 다시 내 가슴을 송곳처럼 찔렀다. 아이가 하도 원해서 강아지를 키웠는데, 주인의 눈치에 결국엔 다른 집으로 보내고 말았다. 강아지를 잃은 아이는 대성통곡했다. 집 안에서만 뱅뱅 돌다 헤어지면서 대문 밖을 나섰던 강아지의 까만 눈동자가 잊히지 않는다. 꼭 다시 내 집을 장만해서 이 굴욕을 당하지 않겠다고 이를 악물었다. 짓이겨진 자존심을 되찾고 싶었다.

그땐 그랬다. 마음에 철벽같은 울타리를 치고 하나라도 손해 볼까 봐 욕심을 내다보니 털어내야 할 것도 그냥 움켜쥐고 있었다. 사람 마음이 두부모 자르듯 그렇게 딱딱 나누어지는 것도 아니련만, 굳이 대문 안과 밖을 구분하듯 내 것과 네 것을 구별했다. 옳고 그름과 선하고 악함으로 갈라 걸러내며 살았던가 싶다. 누구나 마음에 흉터 한두 개는 지녔을 터인데 밴댕이 소가지 탓에 나는 혼자서 그 멍에를 지고자 했는지도. 살아가는 길을 잃고 싶지 않아 더욱 대문의 빗장을 꼭꼭 걸었는지도 모르겠다.

얽혀 살아가는 것 자체가 한 편의 인생 드라마인 것을 머리에 흰 서리가 내리고서야 깨우친다. 마음에도 대문이 있다면 그 문을 활짝 열고 싶다. 열린 문으로 바람이 갈마들어 안과 밖 구분 없이, 이쪽저쪽 경계 없이 한데 어우러져 부대끼며 살면 좋겠다. 젊은 날 하늘 높은 줄 모르고 뾰족뾰족 높이 세웠던 자존심도 이제는 내려놓는다. 홀로 적막했을 할머니의 외로움을 살피지 못해 아팠던 무거운 마음도 훌훌 털어버려야 할 것 같다. 내 안의 열등감을 벗어버리고 떳떳하게 세상을 마주하리라.

 훅- 더운 바람이 인다. 햇빛이 골목 깊숙이 스며들었다. 달랑 파란 대문 옆 덩굴장미 사진 한 장만 찍고 집으로 향한다. 아파트 공동 출입문의 비밀번호를 누른다. 삑 삑 삑…. 다시 101호라는 작은 명찰을 달고 있는 단단한 철문 앞에서 우리 가족만 아는 비밀번호를 눌러 집 안으로 들어선다. 내 손길이 닿은 대로 햇살 아래 정물처럼 놓여 있는 살림살이가 새삼 낯설다. 오 남매가 서로 옹송그리며 몸 부비고 살던 시장의 작은 방, 작은 집이 생각난다. 사람들이 드나들며 오고 가는 정이 넘치던 곳. 내가 그렇게도 좋아하는 만화방에 가려면 대문보다 더 견고하게 가게를 지키고 계시던 아버지의 뒷모습이 보이던 곳. 그곳이 이제 다시 그립다.

4부

시를 훔치다

가난하면 가난한 대로 풍성하면 풍성한 대로 단정하면 단정한 대로 그 언어가 가지는 힘으로 오늘의 서사를 엮어간다. 구겨진 일상의 빈자리에 시가 있어 다행이다.

— 시를 훔치다

십 원짜리

부러 땅을 보고 걷는 것은 아니다. 앞만 보고 직진하다가 아는 사람을 지나쳐 오해받기도 한다. 고개 쳐들고 사방을 두리번거리며 걷다가 바보 같다는 소리도 들었다. 그런 내 눈에, 길바닥에 떨어진 동전이 딱 보인다. 그냥 지나칠 수 없어 바로 줍는다. 누가 볼까 돈 아닌 척, 무심하게 줍는다.

그 동전이 꼭 십 원짜리다. 백 원짜리는 한 번도 주워 본 적이 없다. 하긴 백 원짜리 동전이면 벌써 누군가 주워갔을지도 모른다. 아이들은 십 원짜리를 봐도 동전인 줄 모를 수도 있겠다. 얼마나 이리저리 굴러다니고 밟혔는지 찌그러지고 닳아서 얼핏 보면 동전이 아닌 것 같기도 하다. 흙먼지를 털어내야 제 모습이 드러난다.

횡단보도 위를 걸어가다가 동전을 주운 적도 있다. 24, 23…

신호등 숫자는 깜박깜박 줄어드는데, 어째 그 순간에 십 원짜리 동전이 눈에 띄는지. 팔을 뻗어 얼른 주웠다. 신호를 받고 있던 차 안의 운전자들이 나를 보고 있을 거라는 생각도 잠시 했다. 하지만 아무것도 아닌 척 몸을 일으켜 아주 자연스럽게 횡단보도를 건넜다. 좀 멋쩍기는 하다. 뒤통수가 근질근질하다. 뭐, 내가 남의 돈을 빼앗았나. 훔쳤나, 고작 굴러다니는 십 원짜리 동전 하나 주웠을 뿐인데.

십 원짜리 동전을 주워 오면 남편은 난감해한다. 부끄럽단다. 나는 당신은 돈 쓸 줄만 알지 이렇게 십 원짜리라도 주워 본 적이 있느냐고 큰소리친다. 아들은 인상을 쓰고 질색한다. 잔돈 주웠다가 큰돈을 잃을 수도 있다고, 재수 옴 붙는다고 빨리 도로 버리라고 한다. 찰나의 작은 기쁨이 뒤에 큰 불행을 몰고 올까 저어하는 아들의 심사도 이해되긴 한다. 그래도 웬만한 일은 자식한테 져 주지만 내가 주워 온 돈에 관해서는 어림도 없다. 야가 무슨 소리 하노. 세상에 돈 내버리는 사람이 어디 있노. 십 원은 돈 아니가.

나도 동전 못 본 척하고 싶다. 주워봤자 쓸 일이 없어 지갑 구석에 처박혀 있다. 그런데 왜 하필 내 눈에 보이느냐고. 또 나는 왜 그걸 줍느냐고. 돈이기 때문이다. 돈이 아니면 뭣 하러 줍겠는가. 그러면 나는 왜 돈에 집착하는 걸까. 나만 그런가. 돈 싫어하는 사람 없다. 십 원짜리 동전이 아니고 만 원짜리 지폐라면 줍지 않을 사람 있을까. 요즘 사람들은 관심 없는 십 원짜리 동전일망

정 돈은 돈이다.

　동전은 푼돈이라 여겨 대접 받지 못한다. 꿈에서조차 무시당한다. 동전이나 헌 돈을 주우면 재수 없는 일이 생기고, 지폐나 새 돈을 주우면 대박 난다고 해몽한다. 꿈은 말 그대로 꿈일 뿐. 언제 꿈이 맞은 적 있나. 철철 넘치는 똥 꿈을 얼마나 뀄는데. 꿈대로 할 것 같으면 나는 벌써 돈방석에 앉아 있어야 한다. 돈 계산이 좀 서툴 뿐이다. 이 나이 되도록 돈을 잘 모른다. 잔돈은 아끼면서 큰돈 앞에서는 무력하다. 분명한 것은 언젠가는 유용하게 쓰일 것이라는 믿음이 있다. 헌 돈이든 새 돈이든 큰돈이든 작은 돈이든, 돈은 돈 대접을 해 줘야 하는 것이 돈에 대한 예의다.

　내가 십 원짜리 동전을 주웠다고 했을 때, 지인들은 쓰잘머리 없는 걸 뭣 하러 줍느냐고 정색했다. 그 중 한 사람이 어릴 적 이야기를 들려주었다. 길에서 동전을 주워 집에 가져가면 엄마가 얼른 그 동전을 받아 땅에 묻으시더라고. 동전을 땅에 묻으면 잔걱정도 함께 묻혀 좋은 일만 있게 될 거라고 하셨단다. 무슨 걱정을 떨쳐내고 싶었을까. 쪼그리고 마주 앉아 동전을 묻는 엄마와 딸의 모습이 그림 같은 풍경으로 다가온다.

　어쩌면 내가 주운 십 원짜리 동전이 아주 오래전 누군가 소망을 품고 땅에 묻었던 그 동전이 아닐까. 다시 나의 수호천사가 되어 주러 그 많은 사람 중에 내 눈에 띄어 내게로 온 것 같다.

　지갑 속에 있는 십 원짜리 동전을 꺼내 손바닥 위에 올려놓고 한참을 들여다봤다. 이 동전이 또 누군가에게로 가서 희망의 씨앗이 되어 준다면 정말 동화 같은 이야기가 되겠다. 꽃삽을 어디 두었더라. 동전을 꼭 쥐고 창 앞에 있는 모과나무 아래로 발걸음을 옮겼다.

생리 안 하는 여자

 우리 집 베란다에 꽃 화분이 몇 개 있다. 계절 따라 저마다 꽃술을 추켜올리지만, 군자란은 감감무소식이다. 몇 년 전, 내가 군자란 잎을 닦다가 스쳐 지나는 손길에 그만 꽃대를 건드렸다. 주황색 꽃송어리가 툭 부러져 바닥에 떨어지더니 그대로 까무러치고 말았다. 얼마나 아깝던지. 된다면 접착제로 붙이고 싶었다. 졸지에 꽃을 떨군 군자란은 이후 한 번도 꽃을 피우지 않는다. 꽃주머니를 잃은 나와 같은 처지다.
 오래전, 학교에서 근무할 때다. 매주 수요일은 직원 친목일이었다. 가끔 배구 시합을 했다. 운동을 싫어하는 나는 온갖 핑계를 대고 빠졌다. 규모가 작은 학교라 선수가 부족했다. 운동장으로 빨리 나오라고 방송으로 재촉하고, 그래도 안 되면 직접 교실로 데리러 오기도 했다. 나는 눈치를 보다가 도서실이나 보건실로 도망가곤 했다. 그날도 혼자 교사校舍 뒤에서 어슬렁거리다가 교장 선생님과 딱 마주쳤다. 그 교장 선생님은 꽃에 관심이 많아서 아예 추리닝을 입고 종일 화단에 계시는 분이다. 결재를 받을 때도 교장실로 가는 것이 아니라, 결재판과 볼펜 한 자루 들고 어느 화단에 계시는지 찾아다녀야 했다. 교장 선생님은 나를 보시더니 왜 운동장에 안 나가고 여기 있느냐고 물으셨다. 나는 천연덕스럽게 대답했다.

"저, 지금 생리 중인데요."

할 말을 잃고 난처한 표정으로 서 있는 교장선생님을 뒤로하고 나는 쿡 웃으며 돌아섰다. 내 나이 사십 대 중반의 일이었다.

그 무렵, 친구와 같이 헬스클럽에 다녔다. 땀 흘려 운동하고 샤워까지 끝내면 얼마나 개운한지. 재미 삼아 시작한 운동이 은근히 경쟁심을 부추겼다. 친구는 한 달에 며칠은 빠졌지만, 나는 하루도 거르지 않았다. 어느 날 친구가 작심한 듯, 그러면서 스쳐 지나가듯 넌지시 말을 건넸다. 생리할 때 공동 샤워장에 가면 안 된다고. 나는 잠시 고민했지만, 아무렇지도 않은 척 건조하게 대답했다.

"나 생리 안 해."

나는 생리를 하지 않는다. 팽팽한 젊음을 과시하던 삼십 대 젊은 나이에 꽃주머니를 잃었다. 이상 징후를 감지하고 병원을 찾았을 때 의사는 혹만 제거하기에는 많은 출혈로 예후가 염려된다고 했다. 재발할 수도 있다고 했다. 그렇다고 자궁을 들어내기에는 젊은 나이가 아깝다고도 했다. 한시도 자리를 비울 수 없는 직장일, 아직도 엄마 손이 필요한 어린 아들. 내 앞에 놓여있는 태산같이 많은 일을 두고 병원을 들락날락할 여유가 없었다. 어찌해야 할지 막막해하는 사이에 시간만 흘러갔다.

"부부가 됐으면 백년해로해야지. 중간에 잘못 돼서 먼저 가기라도 하면 우짜노. 차라리 깨끗하게 싹 비워버려라. 아들 하나 있는데 뭐가 겁나노."

어머님이 결론을 내리셨다. 그 말씀이 법인 양 넙죽 받아들였다. 그땐 그래야 했다. 수술은 완벽하게 잘 되었다. 더 이상 꽃배가 아플 일도 없었다.

한데 시간이 지날수록 후회되었다. 함께 할 피붙이 없이 외롭게 자라는 아들을 보면 미안했다. 날씨가 새초롬하거나 몸이 힘들 때면 아물어 가던 수술 부위가 먼저 엄살을 부렸다. 그런 날은 마음도 구멍이 나서 자꾸만 쪼그라들었다. 누가 묻지도 않았지만, 누구한테도 말하지 않았다. 상황에 따라 생리 중이라고 태연스럽게 말해도 아무도 의심하지 않고 믿어준다는 사실이 나를 더 작아지게 했다.

아니다. 사실은 괜찮았다. 누구나 나이 들어가며 크고 작은 병치레를 한다. 언니는 콩팥 하나가 없고, 위장을 거의 다 잘라내다시피 한 친구도 있다. 그 유명한 연예인 모 씨는 유방을 절제했다.

몸속의 장기 하나 없어 속이 비기는 피장파장이다. 단지 자궁이라는 이유로 감추어야 했다. 솔직히 나는 깨끗하고 편하게 잘 살아왔다. 여행을 가거나 큰일을 치를 때 날짜를 꼽지 않아도 된다. 하얀 바지도 입고 싶을 때 맘대로 입는다. 이제 수술 자국도 희미해졌다. '까똑' 국민건강보험공단에서 메시지가 왔다. 'OOO님, 자궁경부암 검진 대상자이오니 가까운 검진 기관에 문의 후 검진 받으시기 바랍니다.' 남들은 이런 문자를 받으면 가슴이 덜컥 내려앉겠지만, 나는 한결 여유롭다.

이제, 나 생리 중이라고 말해도 믿어줄 사람이 없는 나이가 되었다. 홀가분하다. 그렇다고 내 몸의 빈자리를 의식하지 않고 사는 것은 아니다. 마트에 진열된 생리대를 무심한 듯 지나치지만, 돌아서 한 번 더 보곤 한다.

꽃도 못 피우고 자리만 차지하고 있는 저 군자란을 보면 마음이 짠하다.

귀뚜라미, 흙이 되다

　귀뚜라미 한 마리가 들어왔다. 안방 전등을 켜는 순간 팔딱팔딱 뛰는 벌레를 보고 놀라기는 했지만, 금방 귀뚜라미인 줄 알았다. 어떻게, 어디로 들어왔을까. 아파트 1층에 위치해 있어 흙이나 풀과 가깝기는 해도 이렇게 풀벌레들이 무단 침입할 정도는 아니다. 더욱이 사방을 방충망, 방범창으로 꼭꼭 싸매고 이중창으로 중무장까지 했다. 이 귀뚜라미를 잡아야 한다고 생각했지만, 자신이 없었다. 그렇다고 그냥 두자니 찜찜했다. 내가 잘 때 뭣도 모르고 쩍 벌린 내 입으로 들어오면 어떻게 하지. 혼자 멋쩍은 상상을 하는 사이에 귀뚜라미는 어디로 갔는지 보이지 않았다.

　다음 날, 그러니까 어제저녁에 다시 나타났다. 나가고 없는 줄 알았는데 여태 어디에 있었을까. 나갈 문을 찾는다는 게 온 방안을 맴돌고 있었나 보다. 낯선 곳에서 혼자 있음에 느꼈을 공포와 두려움이 느껴진다. 밖으로 내보내 주는 게 맞다 싶었다. 화장지로 싸서 잡으려는데 기를 쓰고 달아난다. 겨우 가까이 다가가 손에 스치는 순간, 팔딱거리는 감촉에 내가 더 놀랐다. 귀뚜라미는 저만치 달아나 버렸다. 다시 신문지를 돌돌 말아 체포 작전에 돌입했지만, 놀란 귀뚜라미는 장롱 밑으로 숨어 버렸다. 그 밑에는 빈틈이라곤 없는데 어디로 갔을까.

안방과 연결된 화장실 세면대 앞에 요상한 물체 하나가 흘려 있다. 뭔가 싶어 고개를 숙이고 자세히 들여다봤다. 그 귀뚜라미다. 옆으로 누워 널브러져 있는 갈색의 작은 몸뚱이. 만지면 부스러질 듯 가냘픈 몸이다. 실처럼 가느다란 다리 하나는 몸체에서 분리되어 옆에 따로 있다. 더듬이는 힘없이 가끔 움직이다 멈추기를 반복한다. 그나마 짧은 꼬랑지가 살랑대는 걸 보니 아주 죽은 것은 아닌가 보다. 내 방에 들어온 지 꼭 사흘째 되는 날이다.

아침나절에 집 안 소독을 했다. 두 달에 한 번 정기적으로 소독사가 온다. 소화기 같이 생긴 통을 들고 긴 호스를 연결해 분무기를 눌러대면서 집 안 구멍이란 구멍에는 다 소독약을 뿌린다. 세면대, 화장실, 베란다의 수챗구멍. 그동안 화장실에 있다가 봉변을 당했는가 싶다. 분명 소독하는 분이 다녀간 뒤 화장실에 한 번 다녀왔다. 그때는 없었는데.

꺼져가는 생명. 서서히 소멸의 길로 들어서는 귀뚜라미의 조용한 몸부림. 차라리 내가 그 고통을 덜어주자. 변기 속에 넣고 물을 내리면 순식간일 것 같다. 화장지 한 장 쥐고 귀뚜라미 몸에 덮고 살며시 손에 힘을 준다. 부스러질 듯 위태로운 몸. 조심스럽게 손에 힘을 주는데 순간 파동이 느껴진다. 몸에 소름이 돋고 모든 것은 정지 상태다. 귀뚜라미는 그 소동을 틈타 옆으로 누워있던 몸을 바로 세웠다. 금방이라도 뛰어갈 것처럼 모양새를 취했지만, 한 걸음도 떼지 못하고 못 박은 듯 꼼짝하지 않는다. 아직은 때가 아니구나. 잠시 정적이 흐른 뒤, 나는 조용히 화장실 불을 끄고 나왔다.

귀뚜라미가 두 눈을 희번덕이며 온몸을 비틀고 펄떡펄떡 뛰며 고통에 몸부림친다면 차라리 마음이 덜 아팠을까. 아니 내가 못 본 사이에 화장실 수챗구멍에서 소독약을 온몸으로 마시고 원통함에 발작을 일으켰는지도 모르겠다. 서서히 어찌할 수 없음을 몸으로 느끼며 운명으로 받아들여 체념했겠지. 삶과 죽음의 양면성을 본다. 무릇 생명이 있는 것은 불과 몇 분, 아니 몇 초 사이에 삶과 죽음의 갈림길에 서 있게 될지 모를 일이다.

나는 왜 귀뚜라미의 마지막에 이렇게 많은 의미를 두는가. 사는 것이 천태만상이듯, 죽음 또한 천차만별이다. 사람이 죽음을 두려워하는 것은 죽음 그 자체보다는 죽음의 길로 가는 고통을 두려워하는 것이리라. 따뜻한 봄날에 자는 듯이 곱게 가고 싶다던 할머니 말씀이 생각난다. 이 나이가 되고서야 그 말씀의 의미를 알 것 같다. 평온하게 마지막을 맞이할 수만 있다면 죽음 또한 두렵지 않을 텐데.

저녁때 화장실에 들어서면서 이제는 완전히 숨이 끊어졌을 거라고 확신했다. 세상에나. 문 앞까지 와 있었다. 저기 화장지 옆에 다리 하나 떨어뜨려 놓은 채. 이제 다리마저 없으니 다시 살아날 희망이 없을뿐더러, 살아난다 해도 뛰어오르기는 글렀다. 그나저나 여기까지 어떻게, 무슨 힘으로 왔을까. 무작정 살고 싶다는 일념이었을까. 살아야 한다는 본능이었을까.

쪼그리고 앉아 귀뚜라미를 들여다봤다. 한참을 그러고 있었다. '차라리 죽어버리지 뭐' 습관적으로 했던 내 말이 이명처럼 울린다. 그랬다. 몸이 너무 아프면 차라리 죽는 게 낫겠다고 입방정을 떨었고, 저래 사느니 차라리 죽는 게 낫겠다며 남의 생을 마음대로 저울질했다. 지금 나는 죽음을 가볍게 여겼던 내 경솔함을 꾸짖는다.

사람들이 죽음을 두려워하는 것은 누구도 죽어 본 적이 없는데 한 번은 죽어야 하고 오롯이 혼자 감당해야 하며 다시 살아날 수 없는 것이라고 선각자는 일깨워 주었다. 한 번도 가본 적 없는 길이지만 육신의 근원인 지풍화수地風火水로 미련 없이 돌아갈 수 있도록 마음의 준비를 한다면 생을 살아가는 무게 또한 가벼워지지 않을까. 인생 백 년이 풀잎 끝에 달린 이슬이라 했던가. 바람결에 떨어지는 이슬 한 방울처럼 집착을 버리고 자연스럽게 갔으면 좋겠다.

하나의 미물에 지나지 않는 귀뚜라미의 마지막을 지켜봤다. 화장지로 귀뚜라미의 몸을 쌌다. 허울 껍데기 같은 몸체는 무게감도 느껴지지 않는다. 베란다 창문을 열었다. 에어컨 실외기에 얹어두었던 빈 화분에 살며시 올려놓는다. '잘 가라.' 답답한 화장실에서 마지막을 맞이하는 것보다는 낫지 않겠나. 바람 따라 훠이 훠이 저세상으로 가거라. 맑은 숨 한 번 들이마시고 벌떡 일어나면 좋겠다는 지극히 아이 같은 상상도 한다.

한참동안 창밖을 내다봤다. 화분에 놔주었으니 흙이 되겠지.

텔레비전 보는 석주 씨

 한밤중에 잠이 깼다. 열린 방문 틈으로 불빛이 번뜩거린다. 또 거실에 텔레비전이 켜져 있나 보다. 머리맡의 안경을 찾아 끼고 나갔다. 아니나 다를까. 석주 씨는 세상모르고 자고 있다. 리모컨을 찾아야 한다. 없다. 이불 주위를 둘러봐도 없다. 보니 손에 꼭 쥐고 있다. 기척에 눈 뜰까 봐 살며시, 조심스럽게 빼냈다. 텔레비전을 끄고 살금살금 내 방으로 왔다. 석주 씨는 잘 때도 텔레비전을 켜놓는다. 미안해서인지 소리는 낮추지만, 텔레비전에서 쏟아지는 청색 빛 때문에 나는 자다가 몇 번이나 깨곤 한다.
 환자인 석주 씨는 할 일이 없다. 아침 먹고 나면 점심 먹을 일이 남아 있고, 점심 먹고 나면 저녁을 기다린다. 하루 네 번 투석하고, 혈압 재고 혈당 체크하고 인슐린 놓고 드레싱하고 나면 텔레비전과 노는 것이 일과다. 종일 텔레비전을 켜놓고 있다. 주로 뉴스를 시청한다. 트로트 세상에 빠지기도 한다. 어떤 때는 광고를 계속 보고 있다. 본인과 아무 상관없는 보험 광고다. 그렇게 열심히 텔레비전 앞에 있지만, 집안일 하느라 오가며 귀동냥으로 듣는 나보다 더 못 알아듣는다.

오늘 낮에도 둘이 승강이했다. 방에서 책을 보는데, 거실에서 왕왕거리는 텔레비전 소리 사이에 '크윽' 소리도 같이 들렸다. 보나마나 석주 씨가 텔레비전을 켜놓은 채 자고 있다는 거다. 거실로 나갔다. 머리를 비딱하게 소파에 기대고 아주 편하게 앉아서 잔다. 오른 다리가 왼쪽 다리 위에 걸쳐있다. 반바지가 말려 올라가서 허연 다리가 허벅지까지 그대로 드러난다. 발목이 까딱거린다. 살짝 위로 올라간 발이 공중에 잠깐 떠 있다가 내려온다. 두어 번 까불거리던 발이 제자리를 찾아간다. 반쯤 벌린 입에서 '흐-으' 소리가 나고 아랫입술이 들썩거린다. 숨소리가 길게 이어진다. 오른팔을 들어 이마로 내려온 머리카락을 만지는가 싶더니 퍼뜩 눈을 뜬다. 이어 고개를 오른쪽으로 꺾어 다시 잠에 빠져든다. 그새 입은 다물어졌다. 이제는 왼쪽 다리를 오른 다리 위에 걸쳐 올리고 파드닥댄다. 다리가 저려올 때 하는 몸짓이다.

리모컨을 찾아 텔레비전을 껐다. 석주씨, 휙 눈을 뜨더니 보고 있는데 왜 끄느냐고 역정을 낸다. 그러고는 누가 잡아당기기라도 하는 것처럼 왼팔을 위로 추켜올리더니 '아구구' 소리를 내며 끄응 몸을 곧추세워 앉는다. 리모컨을 찾아 쥐고 다시 텔레비전을 켠다. 채널을 이리저리 돌린다. 방송을 보는 줄 알았는데 바닥을 내려다보고 있다. 왼손 주먹을 쥐고 종아리를 두어 번 두드리다 그대로 고개를 숙인 채 잠이 들었다. 머리가 방아를 찧는다. 내가 흔들어 깨웠다. 깜짝 놀라 눈을 치켜뜬다. 누워서 편하게 자라고 했다. 비몽사몽 정신없다. 초점 없는 눈으로 나를 한 번 쳐다보고는 소파에 스르륵 눕는다. 다리를 쭈욱 편다. 텔레비전은 저 혼자 시끄럽다. 그냥 뒀다.

언젠가 시댁에서 동서들과 잡담하다가 남편 흉을 보게 되었다. 나는 석주 씨의 텔레비전 시청 버릇을 일러바쳤다. 세상에, 아주버님들도 그럴 때가 있다는 거다. 집안 내림인가보다며 배를 잡고 웃었다. 셋째 형님이 속상해할 것 없이 그냥 놔두라고 하셨다. 사람마다의 생활 습관이 있는데 억지로 고치려고 해도 안 된다는 거다. 맞는 말이다. 사람의 생각이나 행동은 쉽게 고쳐지지 않는다. 있는 그대로의 석주 씨를 인정하고자 마음먹었다. 티격태격하던 사소한 다툼이 잦아들고 내 마음도 편안해졌다.

석주 씨는 끼니마다 한 주먹씩 먹는 약기운 탓인지, 오랜 투병 생활로 인한 무기력 때문인지 잠을 주체하지 못한다. 해서 텔레비전을 켜놓고 자기 일쑤다. 나는 과열로 텔레비전이 터질까 봐 불안하다. 잘 때 몰래 끈다. 희한하게도 푸욱 - 푸욱 - 소리를 내며 잠에 푹 빠져 있던 사람이 텔레비전만 끄면 안 잔 척 눈을 번쩍 뜬다.

나이는 못 속인다. 석주씨, 언제부턴가 내가 언제 잤느냐고 우기던 서슬이 꺾였다. 어깨에 힘을 주고 팔짱을 끼던 자세가 흐트러지고, 텔레비전 화면을 뚫고 들어갈 듯 힘을 주던 눈빛이 점점 풀리고 있다. 리모컨이 목줄인 양 부여잡고 손에서 놓지 않더니, 리모컨을 찾느라 허둥대기도 한다. 세월 앞에 고개 숙인 석주 씨를 지켜본다. 사선으로 비낀 옅은 햇살을 안고 소파에 기대 텔레비전을 응시하고 있는 한 남자의 서사를 읽는다.

이 텔레비전이 없었으면 석주 씨는 하루를, 한 달을, 일 년을 어떻게 견딜 것인가. 텔레비전은 집안에서만 생활하는 남편을 바깥세상과 이어주는 소통 창구다. 어찌 석주 씨뿐이랴. 밤을 낮 삼아 낮을 밤 삼아 텔레비전으로 세월을 여닫는 머리카락 허연 남자들이 한둘이겠는가.

웃는다. 큰 소리로. 개그도 이해 못 하는 남자가 뭘 봤길래 저리 천진난만하게 웃을까. 슬그머니 석주 씨 옆에 가서 앉았다.

오월이 텅 비었다

오월의 한복판이다. 바람의 손길이 다정하다. 초록으로 단장한 도시의 풍경도 청량하다. 아파트 담장에 흐드러지게 피어있는 빨간 장미가 눈길을 끈다. 이 계절의 주인공이다. 터질 듯 붉게 꽃잎을 열고 있는 장미를 보니, 나도 저렇게 한창일 때가 있었는데 싶다. 이제 세상의 중심에서 한걸음 비켜 서 있는 나이가 되었다. 영원할 것 같던 그 순간들이 어느새 다 사라져 버렸다. 오월이 텅 비어버렸다.

"텅 비었다고 말했는데, 이걸 어떤 식으로 설명해야 할까요? 오월에 가족 행사가 많았어요. 어린이날이 있고 어버이날이 있어요. 이건 여러분도 다 알지요. 그런데 보셔요. 저는 여기서 끝이 아니랍니다. 음력 4월 7일이 친정아버지 생신입니다. 미리 당겨서 휴

일에 가족들이 다 모여서 외식을 했어요.

생신 다음 날이 석가탄신일입니다. 어머님은 초파일 아침이면 꼭 전화하셔요. 몇 시쯤에 도착하느냐고. 어머님은 고향 동네 뒷산에 있는 작은 절에 다니시는데, 대구에 사는 아들 며느리가 절에 오는 걸 은근 기다리셨어요. 동네 사람들에게 자랑도 하고 법회가 끝나면 교통편이 불편한 어르신들을 댁에 모셔다드리는 걸 무척 뿌듯해하셨어요. 하필 많은 며느리 중에 저를 부르시느냐구요. 제가 결혼하고 6년 만에 부처님 공덕으로 아들을 낳았거든요.

초파일 다음날은 친정 할머니 제사입니다. 친정 가까이 살면서 제사에 빠지면 안 되죠. 퇴근하고 해 질 무렵에 친정에 가면 벌써 엄마와 올케들이 음식을 다 장만해 두었답니다. 저는 별로 할 일이 없어 얼굴만 내밀고 엄마가 싸주신 음식을 바리바리 싸 들고 오면 됩니다. 그래도 눈꺼풀이 절로 내려앉습니다.

이틀 지나면 시외할머니 제사가 있어요. 시외할머니 제사까지 챙기느냐고요. 시외가가 우리 집과 가까이 있는 데다 제관이 시외삼촌 한 분밖에 안 계셔서 어머님께서 남편을 부르셔요. 굳이 저까지 안 가도 되지만, 눈치로 안 따라갈 수가 없더라구요. 아니, 어머님이 모처럼 대구에, 그것도 아들네 근처까지 오셨는데 그냥 다녀가시라 하고 모른 척할 수도 없는 거잖아요. 며칠 전 어버이날 찾아가서 뵌 거랑은 전혀 상관없는 행사예요.

한숨 돌릴 만하면 또 남편 생일이 있어요.

하여튼 이 모든 날이 오월에 한 뭉텅이로 똘똘 뭉쳐 있어요. 그런데 다 사라져 버렸어요. 아, 다행히 남편 생일은 남았네요."

아이는 다 컸고, 친정아버지와 시부모님 두 분은 이미 지상의 삶을 접으신 지 오래되었다. 친정어머니는 요양 병원에 계신다. 어린이날도 어버이날도 달력 속에 글자로만 남았다. 몇 년 전부터 친정 제사는 명절로 포개졌다. 시외할머니 제사는 자손들이 서울로 모시고 갔다. 시어머니 손에 끌려 부처님께 눈인사 드리던 절과의 인연도 멀어졌다. 남편의 건강이 안 좋아지면서 발걸음이 뜸하게 된 것이다. 오월의 달력 속에 빽빽하게 채워져 있던 것들이 화르르 점, 점, 점, 점으로 흩어져 버리고 빈칸으로 남았다. 그렇게 모든 것은 찰나에 지나가 버렸다.

오월로 들어서면 사람들의 일상도 분주해진다. 텔레비전에서는 연일 화려한 행사를 소개하고, 세상은 시끌벅적하다. 나는 오래된 내 집에서 그들을 구경한다. 부산하게 움직이는 화면 속의 사람들. 한때는 내가 저들이었음을. 지나간 세월의 색이 희미하게 바래어진 잔상으로 남았다. 이제, 뾰족하던 마음이 무디어졌다. 좋고 나쁨의 이분법적인 경계도 무너졌다. 적당한 무관심이 세상을 살아가는 또 하나의 길이겠다는 생각도 해 본다. 할 일 없는 오후의 한가로움을 즐긴다. 재미 하나도 없지만, 그 재미없음의 재미를 느껴야겠다. 앞으로도 그러할 것이므로.

오월이 텅 비었다　157

남편 생일이다. 마지막 남은 오월의 행사다. 남편은 외식할 수도 없고 케이크도 먹으면 안 되는 환자가 되었다. 그래도 생일인데. 미역국을 끓여 죽 그릇 옆에 두었다. 아껴두었던 오만 원 신권에 빨간 장미색 리본을 둘러 그에게 건넸다. 장난 선물에 그가 함박웃음을 짓는다. 나도 따라 웃었다. 둘이 소박한 밥상 앞에 마주 앉았다. 텅 빈 오월이 외롭다. 그래도 서럽지 않을 자신이 있다. 바쁘게 살았던, 장미꽃 피는 오월을 함께 한 시간이 우리에게 있으니까.

더욱 짙어진 초록 잎에 햇볕의 거센 입김이 더해지면 장미의 영광도 한순간이 되고 말 것이다. 버겁고 숨이 찼던 오월의 달력을 넘기며 담담하게 세상을 바라봐도 되겠다. 생의 한고비를 무사히 넘긴 한 여자가 한 뼘 더 겸손해진 마음으로 장미꽃을 바라본다. 이제 홀가분하게 남은 시간 채우면 된다.

시를 훔치다

얼굴도 모르는 시인의 시 한 편을 몰래 가져와 옮겨 적어본다.

낮술/김상태

이러면 안 되는데…

문득, 이 시를 떠올린 것은 날씨 탓이다. 시계의 시침이 가리키는 숫자는 분명 한낮인데, 창밖의 풍경은 아침인지 낮인지 저녁인지 구별이 안 된다. 비가 올 것 같지는 않은데, 하늘빛이 우중충하다. 바람의 호흡마저 거칠다. 관리실 앞 게양대 끝에 매달린 태극기는 하늘로 날아가지 못해 안달이 난 듯 펄럭거리고, 벌거벗은 나뭇가지는 파르르 떨며 연거푸 기침을 해댄다. 창문 틈새로 삐쳐

들어오는 소슬바람에 오스스 한기마저 든다. 휑하니 빈 가슴에도 바람이 분다. 이런 날엔, 누군가가 분위기를 안주 삼아 술 한잔하자고 꼬드기면 거절 못 할 것 같다. 그러다 혼자 피식 웃었다. '낮술'이라는 짧은 시가 생각나서다.

　나는 시詩를 좋아한다. 오늘같이 바람 핑계 대기 좋은 날이나 초록을 잃은 마른 잎이 추레하게 보일 때, 친절하지 않은 세상에 화가 날 때… 시를 찾는다. 시의 마음을 훔친다. 돌아서면 방금 어떤 시를 읽었는지 한 구절도 제대로 기억해 내지 못할 때가 많다. 하지만 시를 읽는 그 순간만큼은 가슴에 전율이 일고 생각이 맑아진다. 시 속에 담긴 세상이 나를 달뜨게 한다. 낯선 언어가 살갑게 다가오면서 어깨 위의 뻣뻣한 긴장을 풀어주기도 한다. 나도 내 삶의 감성을 시로 표현할 수 있으면 얼마나 좋을까. 아쉽게도 그런 재주가 없다. 그럴 때면 노래에서 시를 훔친다.

　시에 곡을 입히면 노래가 되고, 노래에서 곡을 들어내면 남는 노랫말이 곧 시가 된다. 노래를 못하는 나는 가끔 대중가요의 가사만 살짝 훔쳐 와 마음에 새기며 읽어본다. 청춘과 인생을 이야기하고, 자연에게 말을 건네며, 터벅터벅 느린 삶을 비유하기도 한다. 인생의 희로애락이 고스란히 담긴 철학이 있고 삶의 지혜가 보인다. 일상을 시처럼 살 수는 없겠지만 그래도 삶이 시이면 좋겠다. 비뚤어진 마음도, 네모난 마음도 동그랗게 감싸 안아 주는 마법 같은 힘을 지닌 그 시들이 좋다.

초등학교 때 처음 시를 훔친 것으로 기억한다. 동시 한 편 짓기 방학 숙제를 해결하지 못 했다. 꾀를 내어 동생의 가방을 뒤졌다. 동생의 담임 선생님이 아동문학가, 동시를 쓰시는 분이다. 동생은 가방 속에 항상 그분의 동시집을 넣어 다녔다. 제일 만만해 보이는 동시 한 편을 골라 원고지에 옮겨 적고 내 이름을 써서 냈다. 꾸중 들은 기억이 없는 걸 보니 무사히 잘 넘긴 듯하다.

이 나이가 되도록 그때 훔쳤던, 제목이 '학교'였던 그 동시를 놓지 못한다. 자라면서 분명 정직하지 못한 행동을 많이 했다. 거짓말도 천연덕스럽게 했고, 부모님 몰래 도장을 훔쳐 시험지 점수 옆에 꾹 찍어 선생님께 검사받은 적도 있다. 언니의 과자를 훔쳐 먹고 반성은커녕 언니에게 도로 바락바락 대들다가 엄마한테 꾸중도 들었다. 돌이켜 기억을 들추어보면 피식 웃음이 나오는 추억이 되었건만, 왜 철모르던 시절 한 편의 시를 훔친 일이 이리도 마음에 걸리는 걸까. 아마 그때, 시를 옮겨 적을 때 시가 내게로 왔던 것 같다.

내게 시를 빼앗긴 그분의 근황을 인터넷에서 찾아보았다. 열다섯 번째 동시집을 출간하셨다는 소식 옆에 사진도 있었다. 구순을 앞둔 작가의 인자한 모습을 보는 순간 가슴이 울렁거렸다. 그분에게 갚을 수 없는 빚을 졌다. 하나, 아주 오래전에 한 소녀가 당신의 시를 가져갔고, 그 시를 가슴에 품으면서 시의 맛을 알게 되었다는 것을 아시면 너그러이 이해해 주시리라는 바람으로, 이 글을 통해 고백하는 바이다.

　시는 항상 우리 곁에 있었다. 동네 소식지, 신문, 지하철 벽, 월간지에서 언제든지 만날 수 있다. 그날도 하릴없이 신문을 뒤척이는데, 한 귀퉁이에 있는 시가 눈에 들어왔다. 비둘기가 뒤룩뒤룩 살만 찌고 하늘을 날 생각을 안 해 닭이 되어 간다고. 새가 하늘을 날지 않으면 하늘은 아무 의미 없는 존재가 되어 버린다는 내용의 시를 읽으면서, 나는 다른 사람에게 어떤 의미의 존재일까 생각해 보았다. 누군가의 일기장에 그리운 사람으로 남겨진다면, 어쩌다 한 번쯤 문득 보고 싶더라는 사람이 있으면, 뒤태가 고왔던 옆 사람으로 기억된다면 좋겠다. 욕심이겠지. 그래도 시를 읽고 나를 톺아보며 남아있는 내 삶이 좀 더 순해지도록 마음자리를 키워야겠다고 생각했다.

　요즘도 시를 훔친다. 내가 가진 감각이 초라하게 허물어질 때 주인의 허락도 없이 시의 마음을 가져와 가슴에 품는다. 시 안의 감성을 시 밖으로 끌어내 온몸으로 느낀다. 가난하면 가난한 대로 풍성하면 풍성한 대로 단정하면 단정한 대로 그 언어가 가지는 힘으로 오늘의 서사를 엮어간다.

　구겨진 일상의 빈자리에 시가 있어 다행이다.

아무 할 일 없는 상황에 나를 놓고 싶다

알람 소리에 눈을 떴다. 아직 밖은 깜깜하다. 여느 날과 다름없이 잠을 털었다. 하릴없이 집안을 이리저리 기웃거리다 컴퓨터 앞에 앉았다. 우리 집은 새벽 5시에 하루가 시작된다. 남편이 혈압 재고 혈당 체크하고 투석할 동안, 나는 남편의 아침을 챙긴다. 하지만 오늘은 텅 빈 집에 나 혼자다. 아무 할 일 없이 글 앞에 앉아 있다. 오롯이 글과 단둘이 되어 글만 생각했다. 남편이 집에 없기 때문이다. 그는 지금 병원에 있다.

남편은 환자다. 죽을병은 아닌데 고생을 많이 한다. 일찍 찾아온 당뇨를 관리하지 못해 여러 합병증을 앓고 있다. 신장이 제 기능을 하지 못해 투석을 해야 하고 족부 질환이 심해 걷기가 힘들다. 나는 남편을 간병해야 한다. 해서 우리 둘은 늘 집에서 함께 지낸다. 명절이나 제사 때 시댁에 못 간 지 몇 년 되었다. 집안의 경조사는 축의금 부의금으로 대신한다.

　남편은 자주 병원 신세를 진다. 그럴 때마다 나도 따라 들어가서 남편을 간병한다. 코로나가 한창 기승을 부릴 때는 보호자 외출 금지가 되어 한 달 하고도 보름간을 병원에 갇혀 지냈다. 그나마 작년에 입원했을 때는 간호병동으로 배정되어 열흘간 떨어져 있었다. 간호병동에 있으면 병원에서 알아서 보호해 주니 걱정이 덜 된다. 그때는 미뤘던 집수리도 하고 이사하느라 정신없을 때였다. 남편에게 매이지 않고 온전히 일에만 집중할 수 있었다. 나만의 시간으로 선명하게 기억된다.

　올해 초, 남편이 다시 입원했다. 보름간 병원 생활을 했다. 양발을 깁스해서 화장실까지 따라다니며 챙겼다. 퇴원한 지 겨우 한 달 조금 지났는데 또 다른 부위에 이상이 생겼다. 이번에는 간호병동으로 입원실이 정해졌다. 나는 속으로 쾌재를 불렀다. 간단한 수술이라 걱정 안 해도 된다. 식사는 저염식, 당뇨식으로 해야 하지만 일반식으로 신청했다. 전에처럼 병원 밥이 입맛에 맞지 않아 환자가 밥을 못 먹는다고 연락이 올까 봐 저어해서이다. 나는 단 며칠이라도 남편에게서 벗어나고 싶었다.

　그저께 입원하던 날, 수속을 밟고 병실에 따라갔다. 사물함을 정리하고 냉장고에 먹거리도 챙겨 넣었다. 간호사가 보호자는 집에 가도 된다고 했다. 혼자 두고 오기가 그랬다. 저녁 먹는 거 보고 가겠다며 뭉그적거렸다. 헤어질 때 남편 손을 잡고 내일 또 오겠다고 다정하게 인사했다. 발걸음이 떨어지지 않아 자꾸 뒤돌아봤다. 남편이 손을 흔들어 주었다.

어제 오후에도 병원에 갔다. 수술할 때는 보호자가 있어야 한다. 수술하고 마취 기운에서 깨어난 뒤, 때를 놓친 저녁을 억지로 몇 숟갈 먹여주고 밤늦게 집에 왔다. 다음날엔 집에 나 혼자 있을 수 있다고 생각하니 설레기도 했다. 어둑한 집에 들어와 전등을 켰다. 오랜만에 느껴보는 낯선 경험이다. 누구는 이럴 때 서글프다고 하던데, 나는 와—우 만세를 불렀다.

오늘은 남편이 집을 비운 지 사흘째 되는 날이다. 이제부터 진짜 나만의 시간이다. 남편의 옷, 이불 모두 세탁기에 넣었다. 남편이 줄창 앉아 있던 소파를 들어내고 먼지를 닦아냈다. 약상자도 정리했다. 청소기를 돌리고 화장실 청소도 끝냈다. 가만 보면 지금껏 내가 한 일들이 특별할 거 없다. 평소에 하는 일이다. 굳이 지금 하지 않아도 된다. 그런데 나는 왜 이토록 이 일에 집중하는 것일까. 얼른 집안일을 끝내고, 그리고 아무 할 일 없는 상황에 나를 놓아두고 싶은 거다. 고스란히 나만의 시간을 갖고 싶었다.

얼추 집안일을 끝내고 소파에 앉아 텔레비전 채널을 여기저기 돌리며 남편 흉내를 냈다. 늦은 아침을 먹었다. 식은 밥을 꺼내 전자레인지에 돌렸다. 냉장고를 열어보니 먹다 남은 갈비찜이 보인다. 고기 부분은 잘게 잘라 남편에게 주고 뼈다귀에 붙어있는 남은 고기가 아까워 넣어둔 것이다. 비닐장갑을 끼고 갈비를 뜯었다. 창으로 비스듬히 들어오는 햇빛을 받으며 혼자 퍼질고 앉아 밥 먹는 것, 정말 하고 싶었던 것 중의 하나다. 커피믹스도 마셨다. 할 일 다 하고 느긋한 마음이어서인지 더 달달하다.

오후에 화실에 가려고 하는데 남편한테서 전화가 왔다. 경과가 좋아서 오늘 퇴원해도 된다고 한다. 남편 목소리가 둥둥 떠 있다. 속내를 들키기 싫어서 나도 목소리를 한 옥타브 올려 잘 됐다고 했다. 남편 저녁 챙길 걱정 없이 늦게까지 그림 그리려고 했던 내 계획이 틀어졌다. 병원에 갔다. 벌써 짐을 다 챙겨놓고 기다리고 있었다. 나를 보고 반갑게 웃는 남편을 보는 내 심사가 복잡했다.

집에 오자마자 서둘러 저녁을 차렸다. 식탁에 앉는 남편에게 넌지시 물었다.

"집에 오니까 좋은강?"

"억수로 좋네용."

그래, 좋으면 됐다. 다시 일상으로 돌아왔다. 나는 컴퓨터 앞에서 이 글을 쓰고, 남편은 거실에서 텔레비전을 보고 있다.

겨울에 그리는 목련꽃

12월 끝자락. 바람 소리에 자꾸 눈이 창밖으로 향한다. 관리사무실 옆에 서 있는 목련 나무가 바람 따라 휘청거린다. 마지막 남은 누런 잎 한 장, 마른 몸을 뒤집으며 팔락거린다.

화실에 왔다. 바람에 떠밀려왔다. 나직하게 틀어놓은 노래 덕분인가. 바깥 날씨와 달리 봄이 온 듯 포근하다. 낯선 노래인데 친숙하게 느껴진다. 옷 속까지 파고들던 바람을 털어냈다. 움츠렸던 몸을 펴고 산발이 된 머리도 가다듬는다. 그리고 이젤에 걸쳐 있는 내 그림을 바라본다. 목련꽃이다. 거의 마무리되어 오늘은 완성할 수 있을 것 같다. 공들이느라 그리는 데 오래 걸렸다. 내 정성을 봐서 아들이 잘 그렸다고 해주면 좋겠다.

지난겨울 이맘때, 아들이 카페를 오픈했다. 날이 추워 개업 준비하면서 엄청나게 고생했다. 소품을 사서 직접 인테리어를 했다. 벽에는 그림을 걸고 싶다기에 그동안 내가 취미로 그려둔 그림 몇 점을 갖다주었다. 분위기가 한결 아늑해졌다. 카페에 찾아오신 손님들도 좋게 봐주셨다. 주로 꽃 그림이다. 이왕이면 계절에 맞게 걸면 좋을 것 같았다. 해서 지금은 다가올 봄을 위해 목련꽃을 그리는 중이다.

나는 봄꽃 중에 특히 목련에 마음이 간다. 내 기억 속에 아스라이 남아 있는 꽃이다. 친정집에 목련 나무가 있었다. 얼마나 풍성하게 꽃을 피우는지 동네에 들어서면 멀리서도 환하게 보였다. 파란 하늘에 구름송이가 둥둥 떠 있는 것 같았다. 지나가는 사람들도 부러 고개를 들어 목련을 쳐다봤다. 옥상에 올라가면 눈앞에 보이는 목련이 하도 눈부셔서 꽃과 내가 한 몸이 된 듯, 마치 내가 구름 꽃에 안긴 듯 황홀했다. 세월이 흘러 지금은 흔적을 찾을 수 없지만, 눈에 잡힐 듯 그려지는 생생한 풍경이다.

관리사무실 벽에 보들보들한 햇발이 스칠 때쯤이면 나는 목련 나무에서 눈을 떼지 못한다. 응달진 곳에 터를 잡아서 다른 꽃보다 좀 늦게 핀다. 기다리면 된다. 언젠가는 꽃이 필 거라는 걸 나는 알고 있다. 어느 날 문득, 목련이 벙긋 꽃잎을 열면 나는 소리를 지른다. "와, 목련꽃이 피었다." 뿌리에서 힘껏 물을 빨아올리자면 얼마나 숨이 찼을까. 몸을 옹크리고 있는 흙을 다독이느라 애썼겠다.

목련꽃이 피면 봄이 시작되었다는 신호다. 바람이 순해지고 햇살이 안개같이 스며들 때 목련은 꽃잎을 활짝 펼치고 봄이 왔음을 알린다. 어찌 꽃이 절로 필까. 긴 추위를 견뎌내야 한다. 겨울은 생명을 품고 있다. 목련 또한 보드라운 털로 꽃눈을 감싸고 견딘다. 자연의 섭리가 경이롭다. 비 오고 바람 불고 그러다 언젠가는 볕이 나는 것처럼 꽃도 나무도 사람도 겨울 같은 고난과 역경을 겪어야 더욱 성숙해진다.

덜컹덜컹. 화실의 낡은 창문이 앓는 소리를 낸다. 절로 눈이 창밖을 향한다. 건너편 편의점 앞에 풍선 인형이 제 흥에 겨워 출렁거린다. 내 눈길을 따라 화실 선생님도 목을 길게 빼고 밖을 내다본다. 곧 눈이 내릴 것 같단다. 눈이 온다는 것은 계절이 깊어져 간다는 뜻일 게다. 머지않아 봄이 올 거라는 기대를 하게 된다.

나는 이 겨울의 한복판에서 목련을 그린다. 아들의 꿈을 그린다. 하고 싶어서, 정말로 간절히 원해서 오랜 시간 준비해 시작한 카페다. 어찌 어려움이 없었으랴. 아들은 내색하지 않고 웃는 얼굴로 괜찮다고 했다. 나도 염려하는 마음은 숨겨두고 잘될 거라고 격려해 주었다. 겨울의 긴 터널을 지나 따뜻한 봄날의 목련꽃으로 활짝 피어나리라 믿고 있음이다. 관리사무실 옆 목련도 얼마나 풍성하게, 도도하게 꽃을 피우던가.

캔버스 가득 목련꽃이 피었다. 예전에 친정집 옥상에서 봤던 것처럼 하얀 꽃송이가 탐스럽게 꽃잎을 열었다. 볼록하게 부푼 꽃송이가 스무 살 처녀의 젖가슴을 닮았다고 했던가. 순백의 목련꽃은 가까이 있어도 다가가기 조심스럽다. 하얀색을 덧칠해서 꽃잎을 마무리했다. 여러 번의 붓질 끝에 수술과 암술도 완성했다. 됐다. 잘 그렸다. 결 고운 바람의 손길로 마지막 사인을 한다. 백-.

아프지 않은 손가락

 덥다. 올 여름은 별스럽게 덥다. 화분에 물주는 것으로 하루를 시작한다. 뙤약볕을 이기지 못해 축 처져있는 잎이 안쓰러워서다. 물조리개에 물을 가득 담아 밖으로 나가면 개나리, 라일락, 수국, 옥잠화 화분이 기다리고 있다. 밤새 안부를 챙기며 물을 뿌린다. 차례대로 물을 주고 나면 미처 조리개를 빠져 나오지 못한 물이 바닥에 남아있다. 그 마지막 물을 옆에 있는 장미꽃 화분에 쪼르르 붓는다. 만약 물이 없다면 장미꽃 화분에 물주는 것은 건너뛴다. 식물에게도 생각이 있다면, 장미꽃은 항변할지 모른다. 왜 나를 차별하느냐고. 나도 똑같이 물을 달라고. 그러면 나는 말하리라. 너는 흙이 좋아서인지 항상 촉촉하더라. 굳이 물을 주지 않아도 꽃을 잘 피우잖아.
 장미꽃은 한창 인물이 반반할 시기에 잎이 갈색으로 말라 버렸다. 병들었다. 하나 둘씩 마른 잎을 따주었는데, 감당이 안 됐다. 꽃이 핀 가지만 남기고 다 잘라버렸다. 저 꽃만 지고나면 아예 다 뽑아 없애버리고 다른 꽃을 심을 작정이었다. 그런데 잎도 없는 빈 가지 끝에서 꽃이 피고, 그 옆에 또 꽃이 피고. 하지만 나는 이미 장미 화분에서 마음이 떠났다. 물을 주는 둥 마는 둥 등한시하게 되었다. 오늘 아침, 문득 이런 내 행동에 아버지 생각이 났다.

우리 아버지도 그런 마음이었을까. 아버지는 둘째 딸은 마음을 주지 않아도, 챙겨주지 않아도 알아서 잘한다고 여기신 걸까. 비 오는 날 하교 시간에 맞춰 우산을 챙겨 들고 기다려 주는 것이 사랑이라면, 나는 한 번도 사랑을 받아 본 적이 없다. 수학여행을 갔다 와도 마중 나오지 않는 것은 당연한 거였다. 한데 비를 맞는 아이가, 수학여행을 갔다 온 아이가 언니나 여동생, 남동생이었다면 그림은 다르게 그려졌다.

나는 오 남매 중 둘째 딸이다. 언니는 맏이라 온 식구의 사랑을 받았고, 예쁘고 똑똑한 여동생은 막내라 아버지의 사랑을 독차지했다. 남동생 둘은 아들이니 말해 무엇 하랴. 어릴 때는 맏이도 막내도 아들도 아닌 샌드위치 서열임을 눈치 채지 못하고 어리광으로 관심과 사랑을 갈구했다. 왜 나만 돌 사진이 없느냐, 왜 언니만 소풍 가방을 사주고 나는 책가방에 김밥을 넣어가라고 했느냐, 왜 남동생보다 용돈을 적게 주느냐 … 등. 다섯 손가락 깨물 때 아버지는 분명 나를 살살 깨물었으리라. 나는 아버지의 덜 아픈 손가락이었다.

  부모님은 자식 사랑에 무심한 분들이 아니었다. 특히 아버지의 엄격한 과잉보호로 숨이 막힐 지경이었다. 고3 가을 무렵 새로 집을 지어 이사를 갔다. 버스 정류장에서 한참 걸어가야 하는 곳이었다. 야간 학습을 마치고 나면 늦은 시간이다. 그때 버스에서 내리면 항상 식구 중 누군가가 마중 나와서 기다리고 있었다. 어떤 날은 엄마, 어떤 날은 아버지, 또 어떤 날은 남동생. 대학을 졸업하고 시골 학교로 발령받았다. 토요일이면 집에 왔다가 일요일 오후에는 다시 그곳으로 갔다. 나중에는 가기 싫어서 하룻밤 더 자고 월요일 새벽에 갔다. 그때도 엄마나 아버지가 나를 동부 정류장까지 데려다주셨다.

  그럼에도 나는 사랑이 고프다. 어릴 때 온몸으로 사랑받지 못했다는 부서진 기억들이 자존감을 무너뜨렸다. 세월이 흐를수록 누가 뭐라 하지 않았는데 혼자 기억하고 아파하고 외로웠던 시간이 서러웠다. 해서인가. 나는 받는 사랑이 낯설다. 이 나이가 되도록 누군가에게 관심 받는 것이 부담스럽다. 나만 돋보이는 것은 어색하고 무리 속에 끼어 있어야 마음이 편하다. 어쩌다 관심을 받으면 흥감해서 몸 둘 바를 몰라 하고, 다시 어떻게 갚아야 할지 고민에 **빠진다**.

  아버지는 돌아가시기 전 이 년 남짓 동안 자리보전하고 누우셨다. 세상만사 다 내려놓고 콧줄을 꽂은 채 천장만 바라보셨다.

직장에 다니느라 주중에는 찾아뵙기 힘들었지만, 주말마다 병원에 갔다. 아버지는 정신이 오락가락하는 와중에도 나와 마주치기 싫어했다. 내가 병실 안으로 들어서기도 전에 나오지 않는 목소리 대신 검지를 힘주어 흔들며 나를 거부했다. 삐쳐서 다시는 병원에 가지 않아도 되는 충분한 변명거리가 되었지만, 나는 그렇게 하지 못했다. 복도에서 한참 서성이다 슬며시 들어가는 요령을 터득했다.

시간이 지나면서 아버지, 엄마, 나 셋이 함께 병실에 있는 풍경이 일상이 되었다. 어릴 때 그렇게 갈구했던 장면이다. 가끔 엄마는 내가 들으라는 듯 중얼거렸다. 첫째 딸이라고 예뻐하고, 막내라서 오냐오냐해 주었더니 전부 지밖에 모른다고. 분명 내게 고맙다는 인사로 하신 말씀인 줄 알면서도 명치 끝이 아팠다. 아버지를 미워하고 싶은데 그렇게 하지 못했다. 아프게 헤어지고 싶지 않았다. 가신 뒤에 오래 가슴이 아플까봐 두려웠다. 언니와 여동생은 사정이 있어 자주 찾아뵙지 못했다. 해서 솔직히 나라도 딸노릇을 해야 한다는 의무감도 있었다.

아버지를 생각한다. 바싹 마른 몸으로 허공을 응시하던 그 눈빛을 기억한다. 먼 길 떠나시기 전, 어둔하지만 분명하게 내게 말씀하셨다. 고. 맙. 다. 허공에 흩어지는 세 글자를 한 자 한 자 이어붙이며 생각했다. 어쩌면 나는 아버지의 가장 아픈 손가락이었겠구나. 순해 빠진 큰딸 대신 둘째 딸은 좀 강하게 키우고 싶은 욕심에 무심함으로 가장하셨는지도.

  그랬다. 나는 '아픈 손가락'이었다. 살면서 남편의 사업 실패로 어려움이 있었다. 모두가 등 돌릴 때 유일하게 도와준 사람이 아버지다. 그때 평생 처음으로 아버지께 편지를 썼다. 고맙다고, 은혜 잊지 않고 잘 살겠다고. 친정에 가면 아버지 옆에 있는 낡은 재떨이 쟁반 위에 그 편지가 오래오래 놓여 있었다. 나는 아버지의 가슴을 아프게 한 딸이다. 다른 형제들처럼 평탄하게 살지 못하고 우여곡절을 겪는 둘째 딸을 가슴 아프게 지켜보셨다. 지금은 세상에 안 계신, 내게 따뜻한 눈길 한 번 안 주신 그 아버지가 보고 싶다.

  다시 물 한 바가지 받아서 밖으로 들고 나갔다. 구석진 자리에 외롭게 앉은 장미꽃 화분을 볕 좋은 곳으로 옮겼다. 그리고 물을 흠뻑 주었다.

현숙의 홀로서기

시외버스정류장 대합실이다. 표를 예매했는데 승차하기까지 아직 시간이 남았다. 주위를 둘러보니 구석에 있는 분식점에서 어묵이 끓고 있다. 빈속이 잠깐 울렁거린다. 따뜻한 국물을 마시고 싶지만 혼자서 어묵 꼬치를 들고 먹을 자신이 없다.

하릴없이 어슬렁거리다 서점 쪽으로 발걸음을 옮긴다. 이런 데도 서점이 있다니. 책보다는 담배와 잡화가 자리를 더 많이 차지했다. 책 한 권 집어 뒤적이는데 순간 울컥한다. 혼자 나선 길이 이리 처량할 줄 몰랐다. 짐을 챙길 때만 해도 마음이 들떴다. 괜히 입꼬리가 올라가는 걸 남편이 눈치챌까 봐 짐짓 무심한 척했다.

시할아버지 제삿날이라 시골 큰댁에 가는 길이다. 항상 남편과 동행했던 길인데, 오늘 현숙은 혼자 나섰다. 사업 실패 후유증으로 남편의 건강이 급속도로 나빠지면서 먼 길 운전이 어렵게 되었다. 남편의 병을 핑계로 번번이 집안 행사에 빠지다 보니 면목이 서지 않았다. 오늘, 작정하고 나선 참이다.

현숙은 오래전에 운전대를 놓았다. 겁이 많다. 서툰 실력으로 도시의 대로를 파고들어 가며 운전하는 것이 버거웠다. 뚜벅이 생활이 불편하기는 해도 다시 운전하고 싶은 마음은 없다. 다만 한밤중에 갑자기 남편이 아팠을 때 환자인 남편이 운전하고 보호자인 자신이 조수석에 앉아서 병원을 찾아갈 때는 민망하기도 했다.

오늘 현숙은 혼자 지하철을 타고 시외버스를 두 번 갈아타고 다시 택시를 타고 갔다. 거의 네 시간이나 걸렸다. 사실 차를 타는 시간보다 기다리는 시간이 더 길었다. 대중교통을 이용해서는 처음 가보는 시골길이라 헤맸다. 경유지에서는 갈아타야 하는 버스가 제시간에 오지 않아 황망했다. 차를 놓친 줄 알았다. 혼자 무인도에 남겨진 듯 정신이 아득했다. 남편에게 전화하니 당황하지 말고 그냥 집으로 오라고 하는데, 돌아가기도 막막했다. 그렇게 이십여 분이 흐른 후에 버스가 들어왔다. 차에 올라 자리에 앉으니 뜬금없이 눈시울이 젖어 든다. 차창 밖으로 눈길을 돌린다,

남편이 운전하는 차를 타고 가면 한 시간이면 족히 닿는 거리다. 편안하게 앉아서 창밖 풍경을 감상하면 된다. 음악을 틀어놓고 따라 흥얼거리기도 한다. 크게 소리 내어 부른들 누가 뭐라 하는 사람도 없다. 음정 따로 박자 따로인 현숙의 노래를 타박하지 않고 끝까지 들어주는 사람은 남편밖에 없다. 가다가 휴게소에 들

러 간식거리를 사는 재미도 있다.

　남편이 운전대를 잡았을 때는 세상 편한 고속도로로만 달렸다. 모든 것은 지름길로 통했다. 오솔길은 낭만을 즐기기 위해 찾는 길이었다. 가다가 길을 잃으면 어느 골목길에서 헤매던 용케 찾아와 주었다. 남편이 방패막이가 되어주니 세상살이가 어려운 줄 몰랐다. 호강에 겨워 가끔 혼자 알아서 하고 싶다고 투정도 부렸다.

　위기의 순간은 예고도 없이 찾아왔다. 이제 현숙이 가장이 되어 운전대를 잡았다. 오랜 시간 세상과 단절한 채 투병 생활을 하는 남편은 세상의 정보에 어두웠고 자신만만하던 호기도 사라졌다. 남편의 어깨에 기대어 살 수 없게 되었다. 혼자서 이리저리 부닥치면서 세상살이의 고달픔을 온몸으로 체감한다. 남편 대신 운전대를 잡고 가는 길이 이렇게 에둘러 가야 할 줄 몰랐다.

　현숙은 오래간만에 간 큰댁에서 편한 옷을 입고 퍼질러 앉아 전을 부친다. 내외같이 온 동서들 틈에서 문득 집에서 기다리고 있을 남편을 생각한다. 아내의 부재로 오래간만에 호젓함을 즐기고 있을까, 빈자리가 허전해서 옆구리가 시릴까. 없는 역마살까지 만들어 들썩거리며 일탈을 꿈꾸던 현숙은 얼른 이 밤이 지나고 내일 아침 일찍 집으로 돌아가고 싶은 마음이다.

5부

누울 자리

침대마다 반송장이나 다름없는 머리 허연 노인들이 표정 없이 누워 있다. 저 노인들은 집으로 돌아갈 수 있으려나. 묵직한 공기에 숨이 막힌다. 엄마를 실은 침대가 병실로 들어간다. 구석진 자리, 거기가 엄마의 마지막 누울 자리다.

— 누울 자리

아웃스탠딩 현수점

　아들이 집을 나갔다. 다시는 돌아오지 않을 작정인지 양말 한 짝 남기지 않고 제 물건을 싹 들고 갔다. 아직도 휑한 집안 공기가 낯설다. 침대만 덩그러니 남겨져 있는 방을 아침저녁으로 들여다본다. 한동안 금방이라도 문을 열고 들어올 것만 같아 현관 밖 작은 소리에도 귀를 쫑긋했다.
　아들은 혼자 따로 나가 살고 싶어 했다. 마음뿐이지, 나갈 명분도 경제력도 없었다. 작은 아파트라도 하나 얻어 주려고 했지만, 번듯한 직장도 없이 부모 도움으로 거처를 장만하기는 싫다고 했다. 그러다 어느 날 원룸을 구했다고 통보해 왔다. 오래 준비했던 카페를 차리고, 카페 가까이에 혼자 지낼 방을 얻은 것이다. 그렇게 내 품을 떠났다. out.
　카페 이름은 '아웃스탠딩커피 현수점'이다. 커피 공부하면서 알게 된 모임의 브랜드명 '아웃스탠딩커피'에 카페 주인의 이름, 즉 아들의 이름 '현수'를 붙인 거다. 아웃스탠딩의 원래 뜻은 따로 있겠지만, 처음 카페 이름을 들었을 때 밖에 서서 커피를 마시라는 뜻인가 하고 웃었다. 그런데 out(밖) + standing(서 있다)으로 의미가 부여되면서, 아들의 독립을 뜻하는 낱말로 일치가 되어 묘한 느낌이 들었다.

그렇게 집을 나간 아들은 신나게 살고 있다. 카페 문을 여는 것으로 하루를 시작한다. 음악을 틀어놓고 청소부터 한다. 창틀에 먼지가 있는지 손가락으로 쓰윽 훑어 확인한다. 탁자를 닦고 모서리를 맞춘다. 벽에 잘 걸려 있는 그림에도 손을 갖다 댄다. 바닥에 지워지지 않는 작은 얼룩 몇 개가 무늬처럼 깔려있다. 괜히 찝찝해 신발 끝으로 한 번 더 문질러본다. 청소가 끝나면 머신을 작동시킨다. 크림을 만든다. 깔때기가 달린 비닐 팩에 소분해서 냉장고에 넣는다. 준비 끝. 카페 유리문에 'OPEN' 팻말을 걸고 문을 빼꼼 열어둔다. 음악 소리가 밖으로 나가야 손님의 시선을 끌 수 있다나.

매장 안에 여러 개의 화분이 있다. 개업할 때 지인들이 축하하는 마음으로 보내준 것 몇 개 있고, 그 외 꽃 화분은 실내 분위기를 위해서 장만했다. 평소에는 식물에 별 관심이 없던 놈이다. 그런데 매장에 있는 화분은 제 것이라고 지극정성 돌본다. 시든 꽃잎은 제때 따준다. 저렇게 하는 것은 어떻게 알았을까. 푸른 잎은 얼마나 닦아주었는지 조명등 아래에서 반들반들 빛이 난다. 맑은 날엔 햇빛 따라 옮기고, 비 오는 날엔 빗물 따라 옮긴다. 부지런한 주인 덕분에 화분은 매일 들락날락 바깥출입을 한다. 바람을 마시고 햇볕을 쬔 덕분인지 때깔이 좋다.

매장 한 귀퉁이 벽에 손님들이 써서 붙여놓은 포스트잇이 눈에 띈다. 커피가 맛있어요, 매장 분위기가 좋아요, 또 오고 싶어요…. 그중에, 사장님이 친절해서 좋다는 내용이 마음에 든다. 새삼스럽다. 원래 그렇게 살가운 성격이 아니었는데. 한 분 한 분 대할 때마다 친절하게 설명하고 주문받는 모습이 고객들에게 인상적이었던 것 같다. 친절보다 더 큰 투자가 어디 있으랴. 몸으로 부딪치며 세상을 살아가는 요령을 터득했나 보다.

손님이 나가신 뒤에는 설거지한다. 유리잔에 흠이 나지 않도록 부드러운 행주로 씻는다. 창 쪽을 향해 유리잔을 들어 올려 루즈 자국이나 크림이 남아있지 않은지 세심히 살핀다. 도와주려고 해도 싫단다. 제 손으로 해야 미덥단다.

숙맥인 줄 알았더니 동네 사람들과도 안면을 튼 것 같다. 얼마 전에는 건물 주인이 콩나물밥을 해줘서 맛있게 먹었다더니, 오늘 낮에는 김치찌개 식당 주인이 김치볶음밥을 해서 먹어보라고 갖다주더란다. 언젠가 동네 통장님이 국시기를 갖다주어서 먹었는데 맛있더란다. 나는 속으로 웃었다. 우리 집에서는 쳐다보지도 않던 음식이다. 맞은편 밀면 식당 주인이 밥값을 안 받아서 시원한 아메리카노 두 잔을 갖다드렸다는 소리를 얼핏 들은 기억이 난다. 언제 나갔는지 밖에서 '안녕하세요'하는 아들 목소리가 들린다. 내다보니 지나가는 폐지 줍는 할머니께 하는 인사다. 이 동네에서, 아니 이 골목에서 정 붙이고 인정받으려 애쓰는 모습이 기특하다.

매장 안에 비스듬히 스며들었던 어스름 저녁 해가 저기 골목 끝으로 사라졌다. 곧 가로등이 켜지겠다. 이 카페의 시그니처 메뉴 멜랑지 한 잔 얻어 마시고 밖으로 나왔다. 시원한 저녁 공기가 코끝에서 속살거린다. 등 뒤에서 달그락 소리가 들려 뒤돌아보니 카페 유리문에 'CLOSED'가 달렸다. 마감 작업에 들어갔나 보다.

'아웃스탠딩커피 현수점.' 훌쩍 집 나간 아들이 걱정되었다. 그래서 가끔 들른다. 이제 염려하지 않아도 되겠다. 한 번씩 흔들리기도 하겠지만, 이겨낼 것도 같다. 제대로 아웃스탠딩 했다.

그 마당 냄새가 난다

아파트 마당에 햇살이 내려앉았다. 그냥 두기 아깝다. 나는 오늘같이 볕 좋은 날이면 이불을 햇볕에 널고 싶어 안달이 난다. 나갈까. 말까. 기어이 이불을 들고 나갔다. 관리사무실 옆 연두색 철망에 걸쳐 널었다. 경비 아저씨한테 한소리 들을까 봐 마음이 조마조마하다. 나도 나만의 마당 한 뼘 가질 수 있다면 얼마나 좋을까.

어릴 적, 우리 집은 시장 안에 있었다. 가게와 안채 사이에 작은 마당이 있었다. 고개 들어보면 앞뒤 건물에 둘러싸여 고작 보자기만 한 하늘만 보였다. 그 사이로 비집고 들어온 햇빛은 시멘트 바닥 여기저기를 잠시 스쳐 지나가면 끝이다. 종일 햇살이 비치는 넓은 마당이 있는 집을 얼마나 갈망했던가.

결혼하고 그 바람이 이루어졌다. 시댁은 산이 병풍처럼 마을을 둘러싸고 있는 시골이다. 마당에 들어서면 낮은 담장 너머로 들판이 보이고, 멀리 처녀봉 위로는 푸르디푸른 하늘이 넓게 펼쳐져 있었다. 무엇보다 햇살 가득 찬 마당에 서면 마음이 편안했다. 나는 그 흙 마당이 좋았다.

마당 풍경 중에서 내 눈길이 가장 먼저 가닿은 것은 길게 드리워져 있는 낡은 빨랫줄이었다. 옷가지들이 만국기처럼 펄럭이면 바지랑대도 따라 흔들렸다. 낡아서 삭고 빛바랜 옷 집게가 너울너울 나부끼는 옷들을 잡아 주었다. 낯선 곳에서 적응하느라 옹송그린 내 마음도 끌어당겼다. 신기하게도 그 마당 수돗가에서 빨래하는 것이 재미있었다. 물기를 꽉 짜고 탁탁 털어서 빨랫줄에 널면 햇살도 함께 걸렸다. 빨래를 다 널면 바지랑대를 힘껏 위로 쳐올린다. 땡볕에 눈이 부시다. 손차양하고서 위로 올려다보면 바지랑대 꼭대기에 흰 구름이 솜사탕처럼 걸려 있었다.

시집간 첫 해 여름, 이른 저녁을 먹고 온 가족이 수박밭에 갔다. 간만의 일탈에 모두 신이 나서 아주버님이 운전하는 경운기에 올망졸망 올라탔다. 이리 쿵 저리 쿵 박혀서 엉덩이가 아픈데도 웃음이 그치지 않았다. 금방 딴 달콤한 수박을 배가 터지도록 먹었다. 그런데 밤에 잠자리에 눕자마자 화장실에 가고 싶었다. 혼자 뒤척이는 것을 옆에서 자던 동서가 눈치채고 그냥 요강에 볼일 보라고 했다. 차마 그럴 용기가 없었다. 발 디딜 틈도 없이 누워 있는 식구들 사이를 겨우 헤집고 더듬어 밖으로 나왔다. 칠흑 같은 밤. 모든 사물은 모습을 감추었다. 아무것도 보이지 않았다. 나는 시골의 밤이 이렇게 새까만 줄 몰랐다. 발끝의 감촉으로 마당으로 내려와 신발을 쭉쭉 밀며 몇 걸음 걸었지만, 도저히 화장실까지 찾아갈 엄두가 나지 않았다. 그 자리에 우뚝 섰다. 그때 주위에서 들려오는 소리. 풀벌레의 낮은 속삭임, 집 앞 조그만 도랑에서 물 흐르는 소리, 멀리서 개 짖는 소리, 나뭇잎 흔들리는 소리, 그리고 개구리들의 합창. 나는 쏟아질 듯 무수히 깔린 별들과 함께 그 환상의 교향곡에 귀를 기울였다. 알 수 없는 전율에 몸을 떨었다.

시간이 흘렀지만, 아직도 그 마당 풍경이 선하게 그려진다. 장독대 앞에는 채송화며 봉숭아가 수줍게 피어 있었다. 온 마당을 대빗자루로 쓱쓱 비질하시던 부지런한 형님 옆에 닭들이 목을 길게 빼고 돌아다녔다. 평상 위에서 뙤약볕을 쬐던 빨간 고추도 보인다. 거기에 나도 있다. 땡볕에 흙이 푸석푸석 말라 보였다. 바가지에 물을 담아 휙휙 뿌렸다. 시원찮아 보이는지 남편이 기다란 호스를 연결해 멀리까지 분수처럼 물을 뿌렸다. 흩어지는 물방울에 햇살이 반짝이며 무지개를 만들었다. 아들 며느리의 물장난에 마루 끝에 앉은 노모의 입가에도 잔잔한 미소가 번졌었지.

이제 그 흙 마당은 없다. 하얀 집이 하늘을 배경 삼아 높다랗게 자리 잡았다. 울타리는 조경석이다. 마당에는 초록 잔디가 깔려 있고 갖가지 야생초가 철 따라 피어난다. 마당 한 켠 장독대 옆에 있는 빨래 건조대에 옷가지들이 얌전하게 걸려 있다. 장조카의 정성이 담겨 있는 마당이 되었다. 발걸음할 일도 드물어졌다. 찾아뵙고 자식 도리 해야 할 어머님이 안 계심인가. 집안 행사 외에는 젊은 날처럼 그리 자주 가지 않는다. 하나, 나는 무시로 그곳이 그립다. 내 고향인 듯.

언젠가 시누님이 그러셨지.

"자네 고향 맞다. 시집온 지가 언젠데."

해그림자가 비껴간다. 철망에 걸쳐 두었던 이불을 걷어온다. 이불에 얼굴을 파묻고 햇빛 냄새를 맡는다. 그 마당 냄새가 난다.

누울 자리

　노인이 걷고 있다. 몸보다 큰 환자복이 헐렁헐렁 겉돈다. 간병사가 노인의 허리춤을 잡고 뒤따라 걷는다. 노인은 잠시 걸음을 멈추더니 허리를 쭉 펴고 길게 숨을 내뱉는다. 전에도 몇 번 봤던 노인이다. 저 정도 기력이면 퇴원하고 집에 가도 되겠다.
　요양 병원에 왔다. 일주일에 한 번은 엄마 보러 온다. 우리 엄마는 걷기는커녕 앉을 기력도 없어 내도록 누워 계신다. 침대째로 면회실로 실려 온다.
　엄마 이름은 배재옥이구요. 나는 엄마 딸 현숙이예요. 엄마는 딸 셋, 아들 둘이 있는데 그중 둘째예요. 딸은 정숙이, 현숙이, 인숙이구요, 아들은 찬욱이, 만욱이예요. 여기는 노인 전문 병원인데 엄마가 아파서 여기 왔어요. 치료받고 이제 어느 정도 다 나았어요. 근데 너무 오래 누워있어서 다리에 힘이 없어 걷지를 못해 집에 갈 수가 없어요. 조금만 더 힘을 내보세요. 다리에 힘 올라서 걸을 수 있으면 집에 갑시다. 이제 곧 봄인데 우리 같이 꽃구경 가고, 맛있는 것도 사 먹어요.

엄마를 만날 때마다 내가 하는 말이다. 달리 할 말이 없다. 엄마는 내가 누군지 모른다. 몇 달 전까지는 낯선 사람이라도 눈이 마주치면 화들짝 반가운 척을 해주더니 이젠 그마저도 시큰둥해졌다. 내가 누군지 알겠냐고 물으면 가로젓던 고개도 제자리에서 요지부동이다. 마냥 눈을 감고 계시다가 무심한 듯 눈을 뜨기는 한다. 반가워서 '엄-마-' 불러도 시선은 다른 데로 가 있다. 그러다 다시 눈을 감아 버린다. 모르는 사람이 옆에서 뭐라고 뭐라고 떠드니 영 못마땅하신가 보다. 처음에 내가 엄마에게 빨리 나아서 집에 가자고 했을 때, 엄마는 눈을 잘게 깜박이며 그러겠다는 의사 표시를 하셨다. 이제는 들은 척 만 척이다. 이 딸년이 마음에도 없는 소리를 하고 있다는 것을 눈치채신 것 같다. 가슴이 저려온다. 말을 뱉어낼수록 혀는 자꾸 안으로 말려든다.

이제 엄마는 영원히 집에 가실 수 없다. 육신은 망가지고 정신은 무너졌다. 저세상으로 가는 열차를 타기 위해 플랫폼에 머무르는 중이다. 이승과 저승의 문턱에서 잠시 숨을 고르고 있는 엄마를 위해 내가 할 수 있는 것이라곤 납작한 가슴에 달려있는 말라 버린 대추알 같은 젖꼭지를 만져보는 것, 이불을 더듬어 꼬챙이같이 가늘고 긴 다리를 찾아 쓰다듬는 것, 다시 이불을 들춰서 그 얇은 손을 찾아내서 꼭 잡아주는 것, 그리고 빨리 나아서 집에 가자고 마음에도 없는 말을 주절대는 것이다.

만약 기적이 일어나서 집으로 갈 수 있게 된다면, 엄마는 어디로 가야 하나. 이미 엄마가 살던 집은 없어졌다. 아버지 돌아가시고 엄마 혼자 지낼 수 없는 상황이 되었다. 남동생이 엄마와 살림을 합쳤다. 아들네 딸네 왔다 갔다 십여 년을 사셨다. 그러다 병원과 요양원을 거쳐 마지막 누울 자리로 요양 병원에 와 계신다.

지난해 집수리할 때 우리 집에 있던 엄마 살림을 없앴다. 퇴원해서 우리 집에 오시면 그때 좋은 걸로 다시 사 드리면 된다고 생각했다. 동생네도 엄마를 모시기 위해 늘렸던 아파트 평수를 다시 줄였다. 아이들도 출가하고 덩그러니 남겨진 두 사람이 살기엔 집이 컸다. 동생네도 엄마 살림을 거의 처분했다, 미리 준비해 놓은 영정 사진과 수의는 있을 테고. 그러면서도 나는 엄마에게 나으면 집에 가자고 했다. 딸네도 아들네도 이제 엄마가 비집고 들어올 자리가 없는데.

면회실로 간병사가 들어온다. 나 혼자 엄마 엄마 부르다가, 빨리 나아서 집에 가자고 헛소리만 하다가 면회 시간이 끝났다. 간병사가 침대를 끌고 간다. 나는 간병사 뒤를 따른다. 복도를 지나면서 다른 병실로 힐끗 눈을 돌린다. 침대마다 반송장이나 다름없는 머리 허연 노인들이 표정 없이 누워 있다. 저 노인들은 집으로 돌아갈 수 있으려나. 묵직한 공기에 숨이 막힌다. 엄마를 실은 침대가 병실로 들어간다. 구석진 자리, 거기가 엄마의 마지막 누울 자리다.

승강기 앞에서 각 병실로 배달되어 가는 물품이 실린 매점 수레를 마주쳤다. 몇 호에 누구 거라고 매직으로 표시되어 있다. 마치 생을 다해야 세상으로 나올 수 있는 무기수에게 주어지는 영치품 같다. 주로 기저귀다. 잘 먹고 잘 입고 잘 살고 싶어 평생을 안달복달 살아왔는데, 마지막에 걸쳐야 하는 것은 기저귀와 환자복이요 먹는 것은 콧줄로 들어가는 영양액이다. 우리 엄마도 아랫도리에 기저귀를 겹겹이 차고 있다. 기저귀를 보니 엄마의 똥 뒤치다꺼리했던 일이 마음에 걸린다. 좀 더 다정스럽게 대할걸.

엄마는 정신이 오락가락하실 때도 '먹고 자고 하는 데'는 가기 싫다고 했다. 나는 그런 곳에 보내지 않을 테니 걱정하지 말라고 다독거렸다. 그런데 엄마는 자신의 똥오줌을 감당하지 못했다. 화장실에 갈 때마다 엄마 손에, 내 손에 똥 범벅이 되도록 승강이가 벌어졌다. 밤에 주무시다가 몇 번씩이나 벌떡벌떡 일어나 알아들을 수 없는 말을 하는 날이 계속되었다. 나는 지쳐갔다. 엄마가 어느 날 밤 내 옆에서 주무시다가 그냥 곱게 가시면 좋겠다고 기도했다. 그것이 엄마를 요양원에 보내지 않아도 되는 최선의 방법이라고 생각했다. 예기치 않게 화장실에서 미끄러져 다친 엄마는 다시는 집으로 돌아오실 수 없게 되었다. 병원에서 바로 요양원으로 모신 것이다. 엄마가 없는 동안 몸은 편했지만, 마음은 지옥 같은 날이 이어졌다. 엄마를 낯선 곳에 두고 나 혼자 편하게 잠자리에 누워 또 얼마나 무수한 밤을 뒤척였던가. 시간이 약이라 했다. 집안에 퍼지던 엄마 똥 냄새가 서서히 사라졌다. 엄마 없이 달고 긴 잠을 잤다. 언제 그랬냐는 듯 나는 엄마가 없는 일상의 행복을 누린다. 문득문득 생각나지만, 그래도 잊고 사는 시간이 더 많다.

승강기 문이 열렸다. 휠체어를 탄 노인이 한 분 계신다. 목소리가 또랑또랑하다. 옆에 있는 간호사한테 자기 의사를 분명히 말씀하신다. 간호사가 웃으며 어르신 말씀이 맞다고 맞장구친다. 저 노인은 걷기는 힘들어도 정신은 말짱하구나 싶었다. 곧 퇴원해도 될 것 같다. 그런데 갈 데는 있을까. 아들네든 딸네든 오라고 두 팔 벌려 환영하는 사람이 있을까. 말짱한 정신이 도로 자식에게 짐이 되지 않을까. 아까 이 병원에 들어서면서 봤던 그 노인도 하루라도 빨리 퇴원해서 집으로 가고 싶어 그리 열심히 운동하는 걸 텐데.

병원 현관 앞에 구급차가 한 대 서 있다. 또 어느 노인이 마지막 누울 자리를 찾아오시는가보다.

방금 텃밭에서 따온 토마토를 맡기고

텃밭 농사가 잘되었습니다. 손바닥만 한 땅에 빈틈이 없습니다. 특히 고추 농사가 절정입니다. 빽빽하게 달린 고추를 보면 '아이고, 세상에' 탄성이 절로 나옵니다. 아까워서 못 따고 쳐다보기만 합니다. 맛본다고 몇 개, 아는 사람 준다고 몇 개 딴 게 고작입니다. 고대로 두었다가 빨갛게 익으면 말려서 고춧가루로 만들 작정입니다.

기다리는 내 마음도 모르고 고추는 지쪼대로 익어 갑니다. 급할 것 없다는 듯 실눈 웃음을 지으며 느긋합니다. 초보 농사꾼인 내 생각에는 지붕처럼 덮인 고춧잎이 햇빛을 가려 그런가 싶습니다. 한 번 훑어주면 좋으련만. 역시 말로만 농부인 남편과 의견이 달라 그냥 두고 있습니다. 햇볕 한 줌만 쬐면 금방 빨개질 것 같은데.

태양은 힘이 세잖아요. 게다가 열매를 실하게 키우는 재주가 놀랍습니다. 막 익기 시작한 토마토가 아기 엉덩이 같습니다. 태양이 제대로 정성을 쏟았나 봅니다. 토마토는 완전히 익었을 때 물이 닿으면 살갗이 터집니다. 그건 상처입니다. 그렇게 상처 난 것은 먹으면 안 된다지요. 반쯤 익은 토마토를 땄습니다. 손바닥 위에 올려놓고 전리품 감상하듯 요리조리 살펴봅니다.

채반에 담아 창가에 내놓았습니다. 뭐가 그리 바쁜지 햇빛은 잠시 머물다 이내 가버립니다. 햇빛을 따라가며 채반을 옮깁니다. 서서히 자기 색을 내는 토마토를 보면 뿌듯합니다. 토마토처럼 더디게 익는 과일도 있다는 걸 배웁니다. 태양의 기운으로 토마토가 토마토 값을 하게 되었습니다. 먼저 익은 것부터 하나씩 골라 남편과 나눠 먹었습니다.

태양은 풋것들을 영글게 합니다. 내게도 그랬으면 좋겠습니다. 감정을 다스리지 못해 자주 분노하고, 때론 서럽습니다. 분노나 서러움, 원망 같은 것들을 볕 아래 두면, 그것들이 천천히 물들어 저절로 익어 가면 얼마나 좋을까요. 일그러진 얼굴, 삐뚤어진 얼굴이 '토마토 같은 내 얼굴'처럼 반짝 빛날지도 모르겠습니다.

마음이 몹시 울렁거려 종잡을 수 없을 때 책을 읽습니다. 책 속의 문장 한 줄이, 글귀 하나가 가슴을 툭 건드리면 답답함이 가라앉습니다. 그리고 음악을 들으면 평안해집니다. 그림을 그리고 음악을 들으며 위로를 받고, 영화를 보고 책을 읽으면서 마음을 헹굽니다. 아마 나에게는 책이나 그림, 혹은 음악이나 영화가 햇살인 듯합니다. 오래 마주하고 있으면 점점 그 빛을 닮아 순해지니까요.

며칠 볕이 따가웠습니다. 이른 아침에 텃밭으로 나갔습니다. 막 잠에서 깬 들판에 빨갛게 익은 고추가 보입니다. 드디어 태양이 부린 마술에 홀린 모양입니다. 이제나저제나 재촉했던 게 부끄러웠습니다. 서그러운 햇빛을 믿고 기다리면 될 것을 그리 안달했습니다.

몇 개 안 되는 고추를 바구니에 담아 아파트 마당으로 나갔습니다. 농구장 울타리 밑에 널었습니다. 지나가던 어르신이 물끄러미 쳐다보다가 웃으십니다. 나도 웃었습니다. 좀 멋쩍어서.

점심을 차리면서, 빨래를 널면서 자꾸 내 눈이 창밖으로 향합니다. 태양이 어련히 알아서 곱게 말려 줄 거라는 걸 알면서도 조바심이 납니다. 그새 고추 바구니에 그늘이 내려앉았습니다. 이때다 싶어 얼른 나갔습니다. 바구니를 조금 더 앞으로 당겨 놓고 잘 마르고 있는지 안부도 챙겼습니다. 종일 고추하고 놀았습니다.

시인이 말했습니다. 대추가 저절로 붉어질 리 없다, 대추 한 알에도 태풍이 있고 천둥이 있고 벼락이 있다고. 그리고 땡볕도 있다고. 어찌 대추뿐이겠습니까. 사과도, 고추도, 복숭아도, 토마토도 우주를 품고 익어갑니다. 꽃도 나무도 물도 태양을 향해 경례를 올립니다. 그러고 보니 세상 만물이 '해 바라기'입니다. 다행인 것은 이 태양은 찾아다니지 않아도 우리 곁에 있다는 것입니다. 장독대에도 찾아오고 건조대에 걸려 있는 옷가지에도 내려앉습니다.

　오늘도 태양은 고도를 높입니다. 온 천지가 눈부십니다. 바람까지 거듭니다. 나는 텃밭에서 따온 고추를 볕에 널고, 방금 따온 토마토를 맡깁니다.

아들이 배달 앱이다

짜장면을 먹고 싶다. 먹고 싶다. 먹고 싶다고 생각하니 더 먹고 싶다. 텔레비전 화면에서 눈을 떼지 못하겠다. 반지르르한 면발을 쭉쭉 빨아 당기는 모습을 보니 절로 침이 고인다. 목구멍으로 꿀떡 넘긴다. 어쩌나, 내 목구멍도 따라 꿀떡거린다. 남편과 눈이 마주쳤다. 우리도 오늘 저녁엔 짜장면 먹자. 아들에게 문자를 보냈다. 간짜장 둘에 탕수육 작은 거 하나 주문.

나는 배달 앱으로 음식을 주문할 줄 모른다. 인터넷 쇼핑, 홈쇼핑도 해 본 적이 없다. 아예 그런 것에 관심 없다. 아들과 같이 살 때는 그 애가 다 해줘서 불편함이 없었다. 입만 떼면 뭐든지 집에 배달되어 왔다. 아들이 따로 나가 살고부터는 몇 달 동안 짜장면 구경도 못 했다. 배달 앱이 활성화되어서인지, 요즘에는 냉장고 옆구리에 붙이는 씨링이나 전단지도 안 들어온다.

이제는 오늘처럼 먹고 싶은 음식이 있으면 아들에게 문자를 넣는다. 혼자 이것저것 배달시켜 먹으면서 우리 생각이 나더란다. 음식을 가려 먹어야 하는 아빠 때문에 외식은 엄두도 못 내고 맨날 그 밥 그 반찬만 먹고 있을, 안 봐도 뻔한 우리 집 식탁 풍경이 그려졌겠지. 생각해 낸 것이 저를 통해 주문하라는 것이다. 말하자면 내게는 아들이 배달 앱이다. 매운맛은 절대 사절이라는 것 등, 우리 입맛을 꿰고 있기 때문에 찰떡같이 알아서 주문 넣어 준다. 음식이 집에 도착하면 식탁 위에 펼쳐놓고 사진을 찍는다. 그 사진을 아들에게 보내면 끝이다.

음식뿐만 아니라 생활용품도 주문해 준다. 단, 생활용품은 토요일 오후 두 시로 날짜가 정해졌다. 내가 시도 때도 없이 주문해서 바쁠 때는 헷갈리고 정신없다는 거다. 언젠가 커피믹스 한 상자 부탁했는데, 아들이 깜빡하고 제 집 주소로 주문했다. 그런 일이 두어 번 있었다. 다행히 지금까지 음식이 잘못 배달된 적은 없다. 매사에 까칠한 놈이 다른 거는 귀찮아하지만, 희한하게 이런 부탁은 아무 말 없이 잘 들어 준다.

아들이 중학교 다닐 때였다. 어버이날 아침에 아들이 어쩔 줄 몰라 하며 카네이션 꽃 두 송이를 내밀었다. 받고 보니 꽃이 찌그러져 있었다. 며칠 전, 교실에 장애인 협회에서 어버이날을 맞아 카네이션을 팔러 왔더란다. 앗싸 잘 됐다 싶어 두 송이 샀단다. 그런데 깜빡 잊고 가방 속에 며칠 그대로 넣어 다녔더니 책 사이에 끼여서 다 망가져 버렸다는 것이다. 그래도 거기 있는 단추를 누르면 '어버이 은혜' 노래도 나온다며 시범을 보여주었다.

초등학교 저학년 때는 수업 시간에 만든 꽃을 갖고 와 달아 주었다. 고학년이 되어서 어버이날 아침에 허겁지겁 대강 종이에 꽃을 그려서 준 적 있다. 그냥 고맙게 받았으면 좋았을걸. 나는 왜 흰 꽃을 주냐고 핀잔주었다. 아들은 엄마 아빠에게 흰 카네이션을 그려 준 것을 내내 마음에 걸려 했다. 그 후에는 꽃 없이 그냥 두 사람 하고 싶은 거 하라며 오천 원을 내밀었다. 중학교에서는 마침맞게 어버이날에 맞추어 학교로 꽃 장사가 와서 팔았는가 보다. 비싼 것도 마다않고 산 것이다.

그날, 나는 아들이 준 꽃을 받아 들고 생각이 깊어졌다. 이 꽃을 준비하느라고 애썼겠다. 아들은 외동이다. 무슨 일이든 혼자 생각하고 알아서 결정해야 한다. 형제자매가 있으면 큰일이든 작은 일이든 의논하면 된다. 아니면 나 몰라라 미루어도 될 것이다. 어버이날 같은 행사가 있으면 제 딴에는 고민하고 신경 쓰지만, 지가 생각해도 엉성해서 민망해한다. 언제가 될지 모르지만, 우리가 저세상으로 갈 때 아들 혼자 장례식을 치를 생각을 하니 가슴이 턱 막혔다. 난들 마음 편하게 죽을 수 있을까. 그래서 나는 내가 할 수 있는 것은 될수록 내가 해서 하나뿐인 아들 고생시키지 말자고 마음먹었다.

아직은 아들 도움 없이 살 만하다. 남편이 아파서 입원할 때, 우리끼리 한다. 일하는데 괜히 신경 쓰게 하기 싫었다. 짐 챙겨서 택시 불러서 타고 가면 된다. 대신 매일 상황을 알려주었다. 아들은 몇 번 다녀가기만 했다. 연금 받으면 두 사람 생활비 충분하고, 여윳돈으로 병원비 내면 된다고 걱정하지 말라고 했다. 별일 없냐고 안부를 물어오면 우린 항상 잘 있다고 큰소리쳤다. 어떤 사람은 자식 버릇 잘못 들인다고 했다. 끙끙 앓는 소리 하란다. 그래야 한 번 돌아볼 거 두 번 돌아봐 준다고. 말짱 헛소리다. 그래 놓고 막상 자기 자식한테는 그러지 못할 거다. 그게 부모 마음 아닐까.

지난주에 아들이 다녀갔다. 친지 결혼식에 참석했다가 잠시 들른 아들한테 쇼핑 캐리어를 내밀었다. 사은품으로 받았는데 조립을 못 해서 처박아 두었던 거다. 그리고 손이 닿지 않아서 냉장고 위에는 청소 못 하겠다고 응석을 부렸다. 사실 식탁 의자 끌어다 놓고 올라서서 닦으면 된다. 그냥 그렇게 억지를 부렸다. 아들은 군말 없이 캐리어를 조립했다. 냉장고도 닦았다. 수건으로 몇 번 훑어내면 끝이다. 우뚝 서서 엄마를 내려 보는 눈길에 장난기가 가득하다. 뭔 일 있으면 꼭 전화하라는 말을 남기고 갔다. 돌아가는 지 발걸음이 가벼울 것이다.

짜장면이 왔다. 분명 우리 집 근처에서 배달되어 왔을 터다. 한데, 마치 아들이 사는 동네에서 여기까지 온 것 같다. 아들이 만들어서 보내 준 것 같기도 하다. 떨어져 사는 부모 끼니까지 챙기게 하는가 싶어 미안하기도 하다. 평소 아들에게 감정 표현이 인색한 남편이지만, 오늘만큼은 흡족한 마음을 숨기지 않는다. 둘이서 먹는데 셋이 앉아 먹는 기분이 든다. 오랜만에 먹는 바깥 음식이다. 맛있게 잘 먹었다.

늙은 여자의 벗은 몸

 양파 껍질을 벗기려는 참이다. 왼손으로 양파를 감싸 쥐었다. 얇은 껍질이 손안에서 마른 소리를 낸다. 일단 뿌리 쪽을 잘라내면 쉽게 벗길 수 있다. 아, 칼을 갖다 대다가 멈칫했다. 문드러져 납작 엎드린 하얀 뿌리를 보는 순간, 내 몸 배꼽 아래에 있는 숲이 떠올랐기 때문이다.
 그날 나는 공중목욕탕에서 늙어가는 내 모습을 봤다. 생각지도 못했던 곳이다. 목욕을 끝내고 막 일어선 참이었다. 내려다보이는 거울에 낯선 풍경이 비쳤다. 내 몸의 중간 부분이다. 축 처진 뱃살은 이미 눈에 익은 터지만, 엉성한 숲은 처음 본 듯 낯설다. 내 몸이 맞나 싶어 거울에서 눈을 떼고 내려다봤다. 늘어난 주름도 아니고 닳아가는 이도 아니고 하필이면 거기서 내 늙음의 흔적을 보다니. 늙은 여자의 벗은 몸이 생경했다.

나는 아직 노인의 영역에 발을 들이지 않았다고 생각했다. 굳이 따지자면 중년과 노인의 교집합이라고나 할까. 지하철을 타면 자리가 없어 삐거덕거리며 서 있을지언정 경로석에는 앉지 않았다. 내 정수리에 내려앉은 하얀 머리카락을 지우면서 팔십 노인의 까만 머리를 보고 웃었다. 그렇다. 늙음이 내 앞에 와 있었는데 나는 애써 외면하고 살았다. 겉만 가린다고 가려지는 것이 아니었다. 보이지 않는 곳에도 세월이 찾아왔다.

사십 대 후반이었던가. 근무 중에 직장 동료가 위경련을 호소했다. 가까운 병원에 동행했다. 침대에 눕히고 진료 받는 것을 도와주었다. 보들보들한 블라우스를 들어 올리자 쭈글쭈글한 뱃가죽이 드러났다. 숨겨진 그녀의 속살을 보자마자 못 볼 것을 본 양 몸 둘 바를 몰랐다. 그녀는 내 선배다. 한데 얼마나 날씬하고 멋쟁이인지. 나는 그녀 앞에만 서면 항상 주눅 들었다. 반듯한 이목구비와 아가씨 못지않은 몸매가 부러웠다. 그랬던 그녀의 맨몸을 본 후 내게 알 수 없는 희열이 차올랐다. 내 뱃살은 더 이상 열등감이 아니었다. 세월을 이길 수 있는 사람은 없다.

젊은 여자의 벗은 몸은 탄탄하다. 매끈한 곡선은 감탄을 부른다. 자꾸 눈길이 가고 부럽다. 같은 여자가 봐도 예쁘다. 늙은 여자의 벗은 모습은 추레하다. 축 처진 가슴과 펑퍼짐한 엉덩이는 되도록 가리는 것이 미덕이다. 늙은 여자가 늙은 여자를 봐도 거북하다. 그렇지만 늙은 여자에게도 한때 젊음이 있었다. 어머니가 되어 피와 땀과 눈물로 자식을 키우고, 그리고 할머니가 되어 버렸지만 내면에는 인생의 깊이를 헤아리는 지혜가 담겨 있다.

늙은 여자의 벗은 몸에서 겨울나무 냄새가 난다. 여름에 울창한 숲을 이루었던 나무가 겨울에는 나신이 된다. 바람 따라 점차 가벼워지고 낮아졌음이다. 빈 들에서 맨몸을 드러내고도 위풍당당하다. 겨울나무의 자존심이다. 풍상의 세월을 오롯이 견뎌낸 늙은 여자는 안다. 나무가 흔들리는 것이 바람 탓만은 아니라는 것을. 가지가 흔들릴수록 더욱 깊이 뿌리를 박고 인내의 시간을 견디라고 일러준다. 넘어지면 또 일어나면 된다고 가르쳐준다. 늙은 여자가 주는 삶의 지혜다.

나는 늙어가는 중이다. 한 해, 두 해 나이가 들어감에 따라 조바심이 난다. 그렇다고 푸른 시절로 돌아가고 싶은 마음은 없다. 다시 출발선에 선다 해도 멋지게 잘 살 수 있을 거라는 자신도 없다. 이제 내 할일 다 했다는 후련함이 있는 것도 아니다. 늙는다는 것은 나이를 먹은 만큼 무거워지는 것이 아니라 겨울나무처럼 가벼워진다는 뜻이기도 하겠다. 이제 한 발짝 물러서서 다른 사람의 삶을 관조해 보는 것도 괜찮겠다. 더 이상 소리 내어 꺼이꺼이 울지 않아도 삶은 그런 것이려니 기꺼이 받아들일 줄 안다. 화사한 봄의 꽃도 좋지만, 늦가을 서리가 내릴 무렵에 피는 국화 향기는 그 어느 꽃보다도 귀하다고 법정 스님이 일깨워 주셨다.

손에 쥐었던 양파를 흐르는 물에 씻었다. 쪼그리고 있던 길고 짧은 뿌리가 다리를 쭉 뻗는다. 유리병에 물을 가득 담고 뿌리가 잠기도록 양파를 얹었다. 싱크대 선반에 올려놓았다. 이제 곧 물을 힘껏 빨아올린 뿌리의 힘으로 초록이 고개를 내밀 것이다. 나 또한 어깨를 펴고 고개를 쳐들고 남은 생을 당당하게 살리라.

그날 밤, 남자가 물었다

병원의 밤은 길고도 깊다. 병원 생활을 해 본 사람은 안다. 처음엔 걱정과 두려움으로 하루하루 긴장 속에 지내지만, 날이 지날수록 무감각해지는 시간이 얼마나 무료하게 느껴지는지.

남편은 밤마다 잠을 이루지 못하고 이리저리 뒤척이다 나가자고 했다. 달리 갈 데도 없다. 신발 끄는 소리마저 조심스러운 긴 복도를 지나면 승강기가 있고 그 앞에 네모난 작은 공간이 하나 있다. 평소에 환자들이 갑갑한 병실을 벗어나 숨을 고르기도 하고, 승강기를 타고 오르내리는 사람들을 보면서 바깥 냄새를 맡기도 하는 곳이다. 창문 앞에 네 다리를 바닥에 박은 의자 세 개가 붙어있다. 남편과 나는 밤마다 그곳으로 나갔다. 남편은 휠체어에, 나는 의자에 앉아서 창밖의 야경을 내다본다. 깜빡이는 자동차의 긴 행렬을 보면서 집으로 돌아갈 날을 생각한다. 기약 없는 아득한 기다림으로 밤마다 그러고 있었다.

  그날 밤엔 한 남자가 먼저 와 있었다. 복도에서, 세면실 앞에서, 배선실 앞에서 자주 마주치던 사람이다. 동그스름한 얼굴이며 벗겨진 이마, 지나가면서 언뜻 들었던 목소리까지 꼭 돌아가신 형부 같았다. 혹시나 하고 힐끗 돌아보다 눈이 마주치기도 했다. 왼쪽 발에 깁스를 하고 있었다. 혼자서 휠체어를 능숙하게 운전하는 걸 보니 입원한 지 오래되었나 싶었다. 넉살 좋아 보이던 낮의 모습과는 달리 차분한 표정이다. 나는 남자에게 목례하고, 남편의 휠체어를 달리 둘 데가 없어 남자의 휠체어 옆에 나란히 갖다 댔다. 의자에 앉아 창밖을 내다보는데 남자가 먼저 날씨 이야기를 꺼냈다. 남편이 응대하고, 잠시 정적이 흘렀다

  "다시 시간을 돌린다면 어떤 시절로 돌아가고 싶나요."

  그 남자가 툭 던진 말이다. 뜬금없는 말에 잠시 당황했다. 남편은 허허 웃음으로 대답을 대신한다. 나라도 무슨 말을 해야 할 텐데. 딱히 할 말이 생각나지 않는다. 그런데 남자는 상관없다는 듯 계속 말을 이어갔다. 연애하고 싶다고 했다. 바바리코트도 사 놓았고 호르몬 주사도 맞았단다. 한 가지 걸리는 건 머리숱이 없어 폼이 안 난다며 멋쩍게 말했다. 속으로 쿡 웃었다. 남편이 옆에 없었다면 이 어색한 상황을 어떻게 모면했을까 생각하니 아찔하다. 버스 운전기사 일을 했단다. 대화 중에 짐작하기로 젊은 시절엔 은행원이었던 것 같다.

사는 게 심드렁하고 부질없다는 생각이 든단다. 낭만이 있는 삶을 살고 싶다고 했다. 낭만을 왜 굳이 연애에서 찾으려고 하나. 이런 게 남자의 심리인가. 도리질하다가, 한편으론 가장의 무게를 짊어지고 한 고개 두 고개 넘어 여기까지 오고 보니 삶이 허무하게 느껴졌구나 싶어 고개가 끄덕여지기도 한다. 운동을 하든지 사모님과 여행을 다니라고 말을 보탰다. 아내는 지금 치매 걸린 장모님을 챙기느라 여력이 없다고 한다. 치매라는 말만 들어도 가슴이 쿵 내려앉는다. 치매에 걸린 장모님, 그 어머니를 돌보는 아내, 휑하니 비어버린 마음을 감당하지 못하는 남자. 내남없이 삶의 무게가 참 무겁구나. 내 눈길이 절로 남편에게로 향한다. 가만 듣고 있는 남편의 심사도 편치 않겠다.

남자는 병실로 돌아가고 다시 남편과 둘이 있다. 아직도 남편의 눈이 초롱한 걸 보니 자리 들어갈 생각이 없나보다. 등 뒤에 위치한 간호사실이 창문에 풍경으로 들어온다. 고개를 돌리지 않아도 간호사의 행동이 다 보인다. 크게 하품하더니 고개를 옆으로 젖히고 어깨를 주무르고 물을 마신다. 아직 앳돼 보인다. 저 여린 몸으로 이 밤, 이 병동의 긴 밤을 책임지고 있구나. 저 간호사는 훗날 지금을 어떻게 기억할까. 다시 이 시절로 돌아오고 싶을까. 뭔가를 주섬주섬 챙겨 병실로 향하는 그녀의 뒷모습을 무연히 바라보며 남자가 했던 말을 떠올려 본다.

다시 시간을 돌린다면 어떤 시절로 돌아가고 싶나요.

그 남자가 물었을 때 나는 대답하지 못했다. 왜 아무런 말을 하지 못 했을까. 생각지도 않게 불쑥 받아 든 질문이어서일까. 다시는 어떤 시절로도 돌아갈 수 없음을 알고 있기 때문일까. 시난고난 살아온 지난 시간에 대한 반항인가. 사람 사는 일이 마음먹은 대로 되지 않는다는 것을 이미 나는 알고 있음일까.

작정하고 사는 것이 아니라 그냥 살아가는 것. 다시 시간을 돌린다면 어떤 시절로 돌아가고 싶냐는 '질문'을 받고서야 답을 생각해 보는 것. 그게 살아가는 것 아닐까.

재옥 씨의 희로애락

　우리 엄마, 재옥 씨는 언제 기뻤고, 언제 슬펐고, 언제 화가 났으며 언제 즐거웠을까. 다섯 자식 키우자면 얼마나 속앓이를 했을까. 이제는 사그랑주머니가 되어버린 울 엄마. 시간을 더듬어 내 기억 속의 엄마를 찾아 희로애락의 단편적인 장면들을 떠올려 본다.

　재옥 씨의 희喜
　현관문이 와락 열리더니 엄마 얼굴이 보이고 다리도 보인다. 그런데 왼발은 앞으로 나왔는데, 미처 슬리퍼를 신지 못한 오른발이 현관 기둥에 걸렸다. 잠깐 멈춰 오른발을 뒤로해서 슬리퍼를 마저 꿰차는 동시에 앞으로 끌고 나온다. 계단을 내려온다. 세 칸 계단을 미끄러지듯 내려와 막 대문 안으로 들어서는 나를 반긴다. 아니 아기에게로 향한다. "아이구, 내 새끼." 활짝 벌린 엄마 입. 송곳니 옆 은색 어금니가 반짝 드러난다. 엄마가 손에 쥐고 있던 것을 들어 올려 바로 뚜껑을 잡아당긴다. 검정색 아이펜슬이다. 아이펜슬로 아기 이마에 살짝 한 줄을 긋는다. 양 눈썹 사이에 까만 줄이 생겼다. "아이고, 아까워라." 바로 아기 이마에 혀를 갖다 대더니 쪽 빨아먹어 버린다. 검정색 줄이 희미하게 지워졌다. 그제야 두 팔을 벌려 아기를 받아 안는다. 빨간색 루즈를 바른 입술이 함지박만큼 벌어진다. 포대기에 싸인 아기를 추어올렸다 내리며 혀 짧은 소리를 한다. "아이구, 내 새끼. 외갓집에 왔쪄여." 돌아서 현관문 앞에서 기다리고 있는 아버지에게로 간다. 무릎을 접었다 폈다 조심스레 걷다 보니 엉덩이도 따라서 올라갔다 내려갔다 춤을 춘다.

결혼하고 태기가 없어 양가 부모님 애를 많이 태웠다. 대놓고 말씀은 안 하셨지만, 친정엄마 속은 오죽했으랴. 그러다 6년 만에 아들을 낳았다. 아기를 데리고 친정에 갔다. 엄마는 아기가 외갓집에 처음 올 때, 숯으로 아기 얼굴을 까맣게 칠하면 귀신이 꼼짝 못 하고 물러간다는 속설을 철석같이 믿었다. 어렵게 얻은 손자가 무탈하고 건강하게 자라기를 바라는 엄마에게 숯이 없었다. 고민하던 엄마는 대신 검정색 아이펜슬을 들고 나왔다. 차마 아기 얼굴에 검게 칠할 수 없어 이마에 살짝 한 줄 그었다. 그런데 그 한 줄마저 맘에 걸려 바로 쪽 빨아서 지워버렸다.

그날, 아기를 안고 환하게 웃던 엄마의 얼굴이 삼십 년이 훌쩍 넘은 지금도 눈에 선한 장면으로 남아있다.

재옥 씨의 노怒

나는 엄마가 화내는 모습을 본 적이 없다. 아버지가 버럭 소리 지르거나 고약을 떨어도 묵묵히 참기만 했다. 그런 엄마가 정말로 화가 난 적이 있었던 것 같다. 일기장 같은 수첩에 엄마의 분노가 적힌 글이 있었다. 엄마가 요양원에 들어가신 뒤에 엄마 살림을 정리하면서 그 수첩을 보게 되었다. 대상은 아버지다. 똑같은 내용의 글이 앞에도 있고 저 뒷장에도 있다. 생각할수록 화가 났고 그때마다 내깔렸는가 보다. 가슴에서 치밀어 올라오는 감정 따라 막 적은 게 분명하다. 생각해 보니 어쩌다 우리한테 그 사건에 대해 이야기할 때도 감정이 격앙되셨던 것 같다. 이렇게 글로까지 적어놓은 줄은 몰랐다.

줄 간격이 좁아 글씨가 잔잔하다. 띄어쓰기도 안 되어있고 맞춤법에 상관없이 소리 나는 대로 적었다. 비읍으로 써야 할 것을 미음으로 적었고, 쌍시옷과 시옷이 구별되지 않는다. 군데군데 볼펜 똥이 뭉쳐져 있다. 삐뚤빼뚤 글씨로 '돈 떼이고도 달라는 소리 못 하는 병신 같은 남자'라고 아버지에게 욕을 퍼부었다. 돈 떼먹은 사람보다 돈 떼이고도 말 못하는 아버지에 대한 미움이 더 컸다. 나는 돈 떼먹은 사람이 누군지 안다. 그래서 가슴이 아프다.

재옥 씨의 애哀

사십 년도 더 전의 일이다. 작은 남동생이 입대하는 날과 할아버지 제삿날이 겹쳐졌다. 아버지는 가게를 봐야 하고 엄마는 제사 준비 때문에 동행하지 못하게 되었다. 서울에서 살고 있는 큰 남동생은 대학원 공부를 마치고 군 복무할 예정이었다. 엄마로서는 생전 처음으로 품에 안고 있던 자식을 군에 보내게 된 것이다. 엄마가 울산에 살고 있는 내게 전화하셨다. 입대하는 날 상주까지 같이 가 줄 수 있겠느냐고. 기꺼이.

피붙이를 군에 보낸다는 것은 생각보다 가슴이 아렸다. "갈게." 짧게 말하고 돌아서는 빡빡머리의 뒷모습을 보면서, 나는 철철철철 울었다. 속절없이 눈물이 쏟아졌다.

친정에 왔다. 대문을 열고 마당에 들어서니 안에서 왁자지껄한 소리가 들린다. 무에 그리 재미있는지 웃음소리가 온 집안에 울린다. 할머니와 고모들이다. 방문을 빼꼼히 열었다. 오셨어요. 고개를 숙이고 인사했다. 손에 묻은 밀가루를 탈탈 털며 반갑게 맞아주신다. 잠깐 내게로 향했던 눈길이 돌아가고, 하던 이야기를 계속 이어간다. 대나무 소쿠리에 하얀 종이가 깔려있고 그 위에 알록달록 산적, 동그랑땡이 수북하다. 맨날 혼자 적적하게 계시다가 모처럼 딸내미들을 만난 할머니 얼굴에 희색이 만연하다.

부엌에 들어갔다. 싱크대 앞에 서 있는 엄마의 뒷모습이 보인다. 내가 온 줄 아실 텐데 돌아보지 않으신다. 말없이 도마 위에 있는 고기만 다진다. 가까이 다가갔다. 칼질에 점점 속도가 붙는다. 소고기인지 돼지고기인지 가리가리 갈라져 모래알이 될 지경이다. 잘 다녀왔다고 했다. 내 목소리도 저 칼질에 섞여 산산이 부서져 버렸다. 엄마는 대답도 안 한다. 안방에서 고모들이 깔깔대는 소리가 점점 더 커진다.

칼질하는 속도가 느려진다. 더 이상 다질 고기도 없다. 엄마는 칼을 놓고 양푼을 손에 들었다. 내가 그 손을 잡았다. 손등에 눈물 한 방울 툭 떨어진다. 내 눈 속에도 그렁그렁 눈물이 차오른다. 잘 들어갔어. 씩씩하게. 엄마가 묻고 싶은 말에 대답했다. 돌아서는 엄마의 어깨가 들썩인다. 아주 조금, 조금 더, 조금 더. 기어이 어깨가 물결을 친다. 가만히 엄마의 어깨를 감싸 안았다. 그때, 엄마가 뭐라고 말했다. 못 들었다. 뭐라고? 고개도 돌리지 않고 계속 뭐라고 한다. 가만 들어보니 노래다. 엄마가 노래를 부르고 있다. 나직하게 웅얼거리는 듯, 처량하게, 구슬프게. 엄마의 노랫소리가 고모들의 웃음소리에 파묻힌다.

아들을 군대에 보내는 엄마의 눈물은 핏빛이었다.

재옥 씨의 락樂

우리 엄마는 언제 즐거우셨을까. 마음 편하게 박장대소하는 모습을 본 적이 없다. 동네 사람 다 아는 무서운 남편과 살면서 오 남매 키우자면 엄마는 항상 긴장 속에 살았을 것이다. 엄마는 아버지 돌아가시던 즈음부터 기억을 놓아버렸다. 그때부터 근심 걱정 없이 즐거우셨던 것 같기도 하다. 엄마는 노래 부르는 것을 즐긴다. 꽃도 억수로 좋아한다. 나는 안다. 꽃을 가꾸며 노래를 부르는 것이 엄마의 낙이라는 걸.

　학교(노인주간보호센터)에 가는 차 안에서다. 나는 엄마 옆에 앉았다. 엄마한테 노래 한번 불러보라고 부추겼다. 쑥스러운 듯 나를 보지도 않고 손을 내친다. 나는 음— 음— 목을 가다듬고 선창했다. 엄마가 고개를 돌려 나를 쳐다본다. 빙긋이 웃는다. 내 입을 빤히 쳐다본다. 소리는 내지 않지만, 엄마 입술이 달싹거린다. 그런데 내 노래의 음정이 들쑥날쑥 한다. 앞자리에서 운전하던 남편이 킥 웃는다. 잘 안된다고 엄마도 한번 불러보라고 잔망을 부렸다. 엄마가 고개를 창 쪽으로 돌린다. 그리고 흥얼거린다. '해~저 어문~소오양가앙에~' 내가 두 손을 엄마 뺨에 대고 얼굴을 내 쪽으로 돌렸다. 마주 보고 노래를 불렀다. 음정 박자 비껴간 노래가 제 맘대로다. 킥킥킥킥. 셋이 소리 내어 웃는다. 다시 창밖을 내다보던 엄마가 감탄한다. 아이고, 이쁘다. 길 따라 금계국 노란 물결이 출렁인다.

겨울 햇살

　우리 집은 한낮에도 전등을 켜고 산다. 1층집이라 햇빛이 귀하기 때문이다. 어떨 땐 창밖의 환한 햇살을 보면서 아이고, 저 햇빛 한 바가지 퍼 왔으면 좋겠다는 생각이 들 때가 있다.
　기온이 많이 내려갔다. 소리마저 얼었는지 사위가 조용하다. 귀가 따갑도록 지지배배 지껄이던 새 소리도 끊겼다. 그래도 나는 이맘때가 좋다. 동지 문턱이 가깝다 싶으면 베란다 창을 통해 얇은 햇살이 찾아온다. 아주 잠깐 얼굴만 비추고 간다. 해서 가끔, 스치듯 지나가는 순간을 놓치지 않기 위해 부러 전등을 끄고 그 귀한 햇살을 오붓이 안아보기도 한다.
　전등을 끈다. 어둑해진 거실 바닥에 햇살이 길게 두 다리를 쭈욱 뻗었다. 곧 사라질 빛줄기에 가만 손바닥을 갖다 댄다. 이 빛 따라 세상으로 나오라고 길 안내하는 것 같다. 인생의 사계 중 겨울의 길목에 들어섰다. 삶의 구색을 갖추느라 부산을 떨며 살던 일도 기억 속에 묻혔다. 한가로움이 일상이 되었다. 자주 외롭다는 생각이 든다. 이제야 내가 햇빛이 들지 않는 집에 사는 게 눈에 들어왔다.

햇빛이 축복처럼 쏟아지는 들판으로 나갔다. 동네가 도시 언저리에 위치해 있어 구석구석 정감 있는 시골 분위기가 난다. 내川를 따라 길게 뻗은 방죽을 걷다 보면 아담하게 자리 잡은 습지가 보인다. 고즈넉한 풍경에 반해 자주 산책 겸해서 발걸음 하는 곳이다. 파란 하늘, 시린 공기 그리고 맑은 햇살. 나는 숨을 크게 들이마시며 그 빛을 영접한다. 겨울 풍경이 이토록 찬란할 수 있다니. 잔잔히 부서지는 은빛 물결 위에서 고니, 오리가 무리 지어 햇살을 즐긴다. 후르르륵 펼쳐지는 새들의 군무에 절로 입이 벌어진다. 가슴 깊이 겨울 햇살을 들이키고 집으로 돌아오는 발걸음이 가볍다.

전등을 켠다. 밖에서 들어오면 제일 먼저 하는 일이다. 사물들이 제 모습을 드러낸다. 읽다가 밀쳐둔 신문이 널브러져 있고, 컴퓨터 옆에는 비워진 커피잔이 얌전히 자리 잡고 있다. 긴 여행을 끝내고 난 뒤의 후련함이랄까. 우리만의 안식처가 아늑하게 느껴진다. 습관대로 텔레비전을 켰다.

'쪽방촌, 고시원 고독사'

뉴스 자막이 눈에 들어온다. 비좁은 골목에 창문도 없는 집들이 덕지덕지 겹쳐 있는 화면이 이어진다. 햇빛 한 줌 없는 컴컴한 방에서 희미한 전등 하나 의지한 채 초라한 육신들이 살아가는 도시의 뒷골목 풍경이다. 누군가가 저 어둠 속에서 햇빛을 찾아 하늘나라로 여행을 떠났는가 보다. 의미 없는 삶이 어디 있으랴. 그들의 삶과 죽음이 가난한 불빛만큼이나 서럽다. 스치듯 지나간 뉴스 한 토막에 알 수 없는 비애감으로 한참을 그냥 앉아 있었다.

햇빛이 비치지 않는 그늘진 곳에 사는 그들의 근천맞은 삶을 더듬어본다. 어느 시대 어느 나라든지 사회의 명암이 있기 마련이지만, 사람들의 관심에서 멀어진 그곳에서 생명은 말라가고 있었다. 나는, 우리는, 사람들은 눈 감고 못 본 척하다가 오늘처럼 한 번씩 호들갑을 떤다. 우월감에 취해 잘난 척하는 인간의 양면성이 아닌지 모르겠다. 부에 대한 사람들의 욕심이 만들어낸 수직의 빌딩과 아파트가 그들의 보금자리를 가리고 햇빛을 차단하지 않았는지. 승자독식의 잔인한 이론이 만들어낸 사회의 한 단면을 생각한다.

오늘도 도시 한 복판 달성공원에는 햇빛을 찾아 나선 노인들이 무표정한 얼굴로 해바라기가 되어 앉아 있을 것이다. 누구에게나 더덜없이 주어지는 햇빛을 어떤 이는 당연한 듯 받아들이고, 어떤 이는 찾아가야 하고, 또 어떤 이는 그 빛의 끝자락을 잡고 삶을 추스른다.

솔직히 우리 사회의 그늘진 곳에 대해 나는 방관자적인 입장이었다. 그들의 운명이요, 그들 자신이 풀어야 할 숙제였다. 내 마음을 보탠다고 달라질 것도 없으며, 누가 알아주지도 않을 일에 굳이 손발 들고 나설 일도 없었다. 동정심, 측은지심을 가진 것으로 나의 도덕적인 책임을 합리화했다. 이 글을 쓰기 전까지는.

고백하건대, 앞으로 또 그렇게 살 것 같다. 한 번도 가본 적 없는 쪽방촌은 도시에서 나고 자란 내가 시골의 정서를 이해 못 하는 것과 같이 낯선 곳이니까. 한 가지 분명한 것은 무수하게 쏟아지는 저 햇살의 은총이 골고루 온 세상에 퍼지기를 바란다는 것이다.

창을 열고 밖을 내다본다. 싸하니 시린 바람이 차라리 시원하다. 구석진 자리, 오래된 나무 그루터기에도 햇살이 내려앉았다. 그동안 내 것인 양 공으로 쬔 햇볕의 고마움에 가슴이 찡해온다.

송공패

 앞뒤 베란다 문을 활짝 열었다. 묵은 공기가 좀 답답하다 싶으면 한 번씩 나는 이렇게 문을 활짝 열어젖힌다. 마치 문 앞에서 대기하고 있었던 것처럼 바람은 순식간에 쳐들어와 온 집안을 휘젓는다. 오래전에 장만한 바다색 낡은 커튼이 파도처럼 출렁거린다. 시원하게 와 닿는 공기의 감촉이 촉수를 일으켜 세운다. 숨이 확 트인다.
 '꽝'하는 소리에 화들짝 놀랐다. 내 몸이 용수철같이 펄쩍 튀었다. 정신 차리고 보니, 불어오는 맞바람을 감당하지 못해 방문이 퍽 닫히는 소리였다. 뭐 문을 받치는 것이 있으면 좋겠다 싶어 주위를 두리번거렸다. 책상 위에 놓여있는 송공패가 눈에 띈다. 무심히 들었는데 몸이 휘청한다. 무겁다. 두 손으로도 들 수 없어 질질 끌어 내렸다. 방문 앞에 걸쳐 놓았다. 딱 제격이다. 얼마나 힘이 센지 태풍이 불어와도 끄떡없을 것 같다.

송공패頌功牌. 몇 년 전 퇴직할 때 후배 교사들의 이름으로 학교에서 받은 기념패다. 크게 의미를 두지 않았다. 의례적으로 주고받는 의식의 하나로 내 손에 건네받았을 뿐이다. 두껍고 투명한 유리에 자잘하게 박혀있는 하얀 글씨는 잘 보이지도 않는다. 처음 받았을 때 집에 갖고 와서 읽어보긴 했다. 형식적인 내용이라 생각해서 별 감흥도 없었다. 그렇게 오랜 시간 붙박이 신세로 있었다.

맞바람을 맞으며 바닥에 앉은 송공패를 유심히 들여다봤다. 그러고 보니 원 모양의 패가 태양 같이 웅장하다. 패를 받치고 있는 받침대는 하현달 같기도 하고, 돌려보면 상현달 같기도 하다. 나름 우주를 품은 형상이다. 의미를 부여하니 꽤 그럴듯하다. 별만 있으면 금상첨화겠다. 문득 내용이 다시 궁금해진다. 마침, 마우스 패드가 검정색이다. 패 뒤에 갖다 댔다. 39년간 한결같은 모습으로 열과 성을 다해 헌신하심에 존경과 감사의 마음을 패에 담아 드린다고 적혀있다. 물리적인 무게도 있지만, 그동안의 이력이 담겨 있어 이렇게 무거웠나 싶다. 송공패의 의미가 새삼 와 닿는다.

바닷가 마을에서 첫 아이들을 만났던 시간이 어제 일처럼 선명하게 다가온다. 생각해 보니 39년의 세월 동안 내 품을 거쳐 간 아이는 천여 명이 훨씬 넘을 것 같다. 아마 첫 제자는 오십 중반을 넘어 나와 같이 나이 들어가고 있겠다. 그들에게 나는 어떤 선생님으로 남아 있는지 궁금하다. 내가 아이들을 그리 박하게 대하지는 않았던 것 같은데.

운동회 하다가 비가 와서 교사校舍 처마 밑에 옹기종기 모여 하늘만 쳐다봤던 일, 예방주사 맞기 싫어 학교 뒷산으로 도망갔던 빡빡머리 배병용, 등굣길에 버스에서 내려 교문만 보고 냅다 달리다 자동차에 치여 모두의 간담을 써늘하게 했던 개구쟁이…. 보람도 있었고 힘든 일도 있었다. 잊지 못할 아이도 떠오르고 좀 더 챙겨주지 못해 가슴 아픈 아이도 생각난다. 주렁주렁 가지에 매달린 사연들이 저 송공패에 오롯이 담겨 있구나 싶다.

퇴직하고 글밭에 발을 들였다. 오래 동경해 왔지만, 미지의 세계다. 두려웠다. 그러면서도 설레는 마음 또한 숨길 수 없었다. 나름 혼자 행복했다. 별이 되고 싶다는 꿈을 꾼다. 누군가 내 글을 읽고 공감해 주면 좋겠다. 어떤 마음 가난한 이에게 주는 응원의 메시지가 될 수 있으면 좋겠다. 밤하늘의 별을 보고 길을 찾듯, 한 줄 글이나마 삶이 버거운 그대들에게 별이 되면 얼마나 좋을까.

'내가 지킨 것이 나를 지켜준다.' 항상 마음에 새겨두는 문장이다. 그렇다. 저 송공패가 바람에 덜컹대는 문을 받쳐 주듯, 39년 동안 내가 지켜온 것들이 나를 지켜 줄 것이다. 송공패가 든든한 지지대가 되어 맞바람을 막아줄 것이다. 나는 그 힘을 믿고 글을 쓴다. 39년간의 기억과 추억과 경험과 지혜를 지지대로 삼아 내 이야기를 풀어야겠다. 또 하나 나만의 역사가 시작되었다.

백현숙 수필집

소똥 옆에 홍시

인쇄 2024년 12월 24일
발행 2024년 12월 31일

지은이 백현숙
발행인 서정환
펴낸곳 수필과비평사
주소 서울시 종로구 삼일대로 32길 36(익선동 30-6 운현신화타워) 305호
전화 (02) 3675-3885 (063) 275-4000 · 0484
팩스 (063) 274-3131
이메일 essay321@hanmail.net
출판등록 제300-2013-133호
인쇄·제본 신아출판사

저작권자 ⓒ 2024, 백현숙
이 책의 저작권은 저자에게 있습니다. 서면에 의한 저자의 허락없이 내용의 일부를 인용하거나 발췌하는 것을 금합니다.
COPYRIGHT ⓒ 2024, by BaekHyunsook
All right reserved including the rights of reproduction in whole or in part in any form.
잘못된 책은 바꿔 드립니다.

ISBN 979-11-5933-566-2 03810
값 15,000원

Printed in KOREA